COSY KITCHEN

Herzhaft vegan

AGNES PRUS
ANNAMARIA ZINNAU

COSY KITCHEN

Herzhaft vegan

60
DEFTIGE SOULFOOD-GERICHTE FÜR KALTE TAGE

EMF

EIN BUCH DER
EDITION MICHAEL FISCHER

INHALT

01

GRUNDLAGEN

02

ZUM AUFWÄRMEN

03

GEMÜTLICHER ABEND MIT FREUND*INNEN

04

SO BUNT WIE DER HERBST

05

FÜR KALTE WINTERTAGE

06

SÜSSES FÜR DIE SEELE

LIEBE LESER*INNEN

Mit „Cosy Kitchen – Herzhaft vegan“ führen wir unsere Liebe zu gemütlichen, wärmenden Gerichten für die Herbst- und Winterzeit weiter. Nachdem sich die vorherigen Bände auf vegetarische Gerichte konzentriert haben, widmen wir uns in diesem Kochbuch der bunten Vielfalt rein pflanzlicher Seelenfutter-Freuden. Und wieder schöpfen wir aus dem Vollen, denn die Saison schenkt uns körbeweise prächtiges Gemüse und Obst, Nüsse und Pilze – so viel, dass es uns kaum möglich war, unseren Saisonkalender auf einer einzigen Seite unterzubringen!

Dampfende Eintöpfe und herrlich cremige Suppen machen den Anfang, denn sie sind oft Dreh- und Angelpunkt der kalten Jahreszeit und erfüllen uns schon beim Lesen mit wohliger Wärme. Überdies tummeln sich hier zahlreiche One-Pot-Gerichte, die durch ihren unkomplizierten Charakter und den überschaubaren Abwasch besonders in der trubeligen Vorweihnachtszeit sehr willkommen sind und für Entspannung sorgen.

Entspannt und vor allem fröhlich geht es auch im nächsten Kapitel weiter: Unter dem Motto „Ein gemütlicher Abend mit Freund*innen“ versammeln wir Gerichte, die sich gut vorbereiten oder gemeinsam am Tisch fertigstellen lassen. Ob sättigende Pasta-Rezepte, saftige Burger oder kleine Häppchen – wer auf der Suche nach Leckereien für gesellige Runden ist, wird hier fündig. Denn im Winter schlemmt es sich zusammen ganz besonders gut.

Das Folgekapitel macht noch mehr gute Laune: Hier versammeln wir Rezepte, die durch farbenfrohe Zusammenstellungen Gemüt und Körper gleichermaßen erfreuen, getreu der Maxime „Bunt ist gesund“. Die intensive Färbung gewisser Gemüsesorten deutet auf einen hohen Gehalt an sekundären Pflanzenstoffen hin, denen gesundheitsfördernde Effekte nachgesagt werden. So sollen violette Gemüse- und Obstsorten wie Rotkohl oder dunkle Beeren entzündungshemmend wirken und grünes Blattgemüse wie Mangold oder Grünkohl bioaktive Stoffe liefern, die das Immunsystem stärken. Umso mehr Sorten dieser gesunden Hingucker wir uns also gönnen, desto besser, besonders in der kühlen Jahreszeit!

Richtig schön deftig – und nicht weniger bunt – wird es im Anschluss im Winterkapitel: Herzhaftes Pilzgulasch mit Knödeln, würziges Grünkohlbrot mit Röstzwiebeln oder eine prächtige, dampfende Lasagne machen uns glücklich, wenn es draußen stürmt und schneit. Der Ofen darf jetzt gerne einen Teil der Arbeit übernehmen und dabei die Küche mit Wärme und leckeren Düften füllen. Reich an Gewürzen und Aromen kitzeln die Wintergerichte unsere Geschmacksknospen wach und schüren das innere Feuer.

Den Abschluss macht wieder ein süßes Kapitel, denn im Herbst und Winter gönnen wir uns gerne eine kleine Streicheleinheit für die Seele. Während manche Gerichte den Süßhunger im Alltag stillen, eignen sich andere durchaus für etwas feierlichere Anlässe. Es ist bestimmt für jeden Zeitpunkt das Richtige dabei. Doch egal ob auf dem Sofa, am Küchentisch oder am Weihnachtsfeier-Buffet: Wir hoffen, unsere Rezepte schenken euch ganz viele wohlig-wärmende Glücksmomente. Lasst es euch schmecken und gut gehen!

Anna und Agnes

SAISONHELDEN

FÜR DIE DEFTIGE VEGANE KÜCHE

Leuchtende Kürbisse stimmen uns im Herbst auf die kälteren Monate ein. Äpfel, Birnen und Pflaumen werden reif und sorgen dafür, dass der Körper viele Vitamine für den Winter bekommt. Frischer Grünkohl versorgt uns mit Vitamin C. Speziell in den Herbst- und Wintermonaten sind Knollengemüse wie Karotten, Kartoffeln, Pastinaken, Rote Bete und Sellerie wichtige Lieferanten für Vitamine und Nährstoffe. Wir können sie gut einlagern und haben so auch noch im Winter etwas davon. Auch wenn man alle Sorten von Obst und Gemüse heutzutage ganzjährig kaufen kann, sollte man auf saisonale und am besten regionale Produkte Wert legen. Es schont die Umwelt, ist kostengünstiger, gesünder und schmeckt auch noch viel besser!

Damit aus dem saisonalen Gemüse und Obst deftige vegane Gerichte werden, ist vor allem die Zubereitungsart und der Einsatz von Gewürzen wichtig. Denn auch pflanzliche Zutaten kann man genauso deftig und lecker zubereiten wie Fleisch. Als gute Fleischalternativen bieten sich je nach Gericht zum Beispiel Tofu, Bohnen, Linsen oder Pilze an. Außerdem dürfen bei den meisten deftigen Gerichten auch Zwiebeln und Knoblauch nicht fehlen. Beim Braten, Schmoren, Backen oder Grillen entstehen Röstaromen, die dem Gericht einen leckeren, aromatischen Geschmack geben. Ebenso wichtig sind die Gewürze. Wenn es draußen kalt und ungemütlich wird, wärmen uns Chili, Pfeffer, Paprikapulver oder Ingwer von innen. Gewürze wie Zimt, Sternanis, Nelken, Wacholder und Lorbeerblätter geben den Gerichten ein kräftiges, winterliches und weihnachtliches Aroma, das uns in unsere Kindheit zurückversetzt. Noch mehr Umami-Geschmack kannst du mit Sojasoße oder Miso-Paste erreichen. Hefeflocken hingegen erinnern an Käse. Willst du den schwefeligen Geschmack von Eiern in deftige vegane Gerichte einbauen, kannst du das Salz „Kala Namak" verwenden.

KÜRBIS

Rund, flach, oval, länglich, farbenfroh, klein und groß – der Kürbis hat an Sortenvielfalt so einiges zu bieten. Die beliebtesten Speisekürbisse sind vor allem der Hokkaido, der Butternut, der Muskat-Kürbis und der Spaghetti-Kürbis. Kürbis ist jedoch, wie man vielleicht erst mal denkt, kein Gemüse, sondern eine Beere. Er ist reich an Inhaltsstoffen, die sich positiv auf die Gesundheit auswirken können. Er enthält viele antioxidativ wirksame Stoffe, wie etwa Vitamin A, C und E. Neben seiner leuchtenden orangen Farbe bringt er einen leicht nussigen Geschmack auf den Teller. Nicht nur sein Fruchtfleisch ist ein Genuss, auch die Kerne des Kürbisses können geröstet gegessen oder als Kürbiskernöl verarbeitet werden. Ob cremig zu einer Suppe püriert oder knusprig gebacken auf einem Flammkuchen, der Kürbis ist der absolute Star im Herbst.

ROTE BETE

In der roten Knolle steckt ordentlich Power. Die Rübe ist vollgepackt mit wichtigen Inhaltsstoffen, die unsere Gesundheit stärken. Dazu zählen unter anderem Vitamin A, C, E sowie Kalium, Magnesium, Zink, Folsäure und Eisen. Dank der Nährstoffzusammensetzung unterstützt das Superfood die Blutbildung, die Zellerneuerung, die Verdauung und die Stärkung des Immunsystems. Für Veganer*innen ist sie zudem sehr wertvoll, da sie wichtige B-Vitamine, Folsäure und eine ganze Bandbreite an Mineralstoffen liefert, darunter Eisen und Betain. Damit Rote Bete sich lange hält, sollte sie am besten kühl und dunkel gelagert werden. Man kann die Rübe roh als Carpaccio essen oder gekocht in Suppen, Eintöpfen oder Aufläufen. Das rote Gemüse kann auch Gerichten wie zum Beispiel Pasta, Soßen oder Hummus eine leuchtend pinke Farbe geben.

PILZE

Herbstzeit ist Pilzezeit. Die bekannten und beliebten Pilzklassiker wie Steinpilz, Pfifferling oder Maronen haben Saison. Damit sie aus dem Boden sprießen können, benötigen sie vor allem Regen. Danach ist noch einiges an Wissen und auch an Glück erforderlich, um das Pilzkörbchen zu füllen. Wald ist nicht gleich Wald. Das hat bestimmt jeder, der sich schon einmal auf die Suche nach Pilzen begeben hat, gemerkt. Steinpilze beispielsweise wachsen bevorzugt in Misch- und Fichtenwäldern. Der Pfifferling wächst gerne in der Nähe von Laubbäumen. Bei Veganer*innen sind Pilze schon lange im Trend und wegen ihres hohen Eiweißgehalts sind sie ein guter Fleischersatz. Sie enthalten B-Vitamine, Vitamin D und Mineralstoffe. Außerdem stärken sie das Immunsystem mit Antioxidantien. Die Pilzsaison endet erst bei stärkeren Frösten. Danach sind Champignons, Kräuterseitlinge, Austernpilze oder getrocknete Pilze eine gute Alternative.

KOHL

Die Lieblingsjahreszeit des Kohls ist der Winter. Ganz viele Kohlsorten lassen sich zwischen Dezember und Februar ernten. Darunter fallen zum Beispiel Grünkohl, Schwarzkohl und Rosenkohl. Auch Spitzkohl, Weißkohl und der vor allem zu Weihnachten beliebte Rotkohl lieben die kalte Jahreszeit. Kohl ist übrigens nicht nur relativ günstig, er ist auch sehr gesund. Neben dem Weißkohl liefern vor allem Rot- und Spitzkohl viel Vitamin C. Grünkohl hat den höchsten Gehalt an wertvollem Eiweiß und ist nach Möhren der zweitbeste Lieferant des Provitamins A. Alle Kohlsorten enthalten weitere gesunde Inhaltsstoffe, darunter Mineral- und Ballaststoffe. Besonders lecker schmeckt Kohl, wenn er in der Pfanne gebraten oder im Ofen geröstet wird. Das gibt ihm ein besonderes Aroma.

WÄRMENDE GEWÜRZE

In der kalten Jahreszeit können wärmende Gewürze die Immunabwehr des Körpers unterstützen. Außerdem tragen sie zum seelischen Wohlbefinden bei. Um die Stimmung zu heben und dem Körper wieder einzuheizen, eignen sich Gewürze wie Ingwer, Vanille, Zimt, Nelken, Muskat, Chili und Pfeffer zum Würzen von Speisen.

NÜSSE

In den Herbstmonaten September und Oktober haben Maronen, Haselnüsse und Walnüsse Saison und können in der Natur gesammelt werden. Sie sind ein leckerer Energielieferant. Um Schimmelbildung zu vermeiden, ist es wichtig, die Nüsse nach der Ernte an einem gut durchlüfteten Ort zu trocknen. Geröstet sind sie ein crunchy Topping für den Salat, die Pasta oder das Risotto oder gemahlen eine nussige Backzutat. Sie enthalten viele ungesättigte Fettsäuren, Mineralstoffe und Vitamine. Sie sind darüber hinaus eine hervorragende pflanzliche Proteinquelle und daher die perfekte Ergänzung für deine vegane Cosy Kitchen.

GRUNDREZEPTE

PFLANZLICHE ALTERNATIVEN ZU MILCH UND EIERN

Immer mehr Menschen verzichten auf Milch und Milchprodukte, denn sie sind nicht für jeden so gesund, wie immer behauptet wird. Viele vertragen das Milcheiweiß nicht und entwickeln Symptome wie chronische Verdauungsbeschwerden, Allergien oder Hautausschläge. Zum Glück gibt es immer mehr Alternativen aus Nüssen, Hafer, Reis, Lupinen usw. Diese werden aus wenigen Zutaten zubereitet und sind daher naturbelassen, frei von Zucker und synthetischen Lebensmittel-Zusatzstoffen. Pflanzendrinks enthalten zudem kein Cholesterin und weniger gesättigte sowie mehr ungesättigte Fettsäuren als Kuhmilch. Angereicherte Milchalternativen tragen außerdem zur Versorgung mit Kalzium bei. Man kann auch ganz einfach seine eigenen Milchprodukte aus Nüssen oder Samen herstellen.

CASHEW-PARMESAN

Der vegane Parmesan ist schnell zubereitet und besteht aus nur vier Zutaten. Du kannst ihn zum Beispiel verwenden, um Nudelgerichte oder Risotto zu verfeinern.

ZUTATEN FÜR 1 GLAS (240 ML)

150 g Cashewkerne
4 EL Hefeflocken
1 TL Salz
$^1/_2$ TL Knoblauchpulver

Alle Zutaten in einen Mixer geben, bis eine fein gemahlene Mischung entsteht. Wenn dennoch ein paar größere Stücken übrigbleiben, ist das gar nicht schlimm. Danach kann man den Nuss-Parmesan über die Pasta streuen oder für ein Pesto verwenden.

TIPP: Wenn du den Parmesan nicht sofort verwendest, solltest du ihn in einem Einweckglas aufbewahren. So kann der Nuss-Parmesan im Kühlschrank drei bis vier Wochen gelagert werden.

TOFU-FETA

Veganen Feta gibt es bereits fertig im Supermarkt zu kaufen. Wir haben eine Alternative für euch, die schnell selbst zubereitet ist, ohne Geschmacksverstärker, Konservierungsmittel, unnötige Fette oder sonstige verstecke Zusatzstoffe! Als Käseersatz wird Tofu verwendet. Dieser wird zuerst gepresst, dann in kleine Würfel geschnitten und anschließend in einem Mix aus Olivenöl, Kräutern und Gewürzen eingelegt. Nach 1 Tag im Kühlschrank hat der Tofu ein herrliches Aroma und kann wie gewohnt verwendet werden. Er schmeckt total lecker zu jeglichen Salaten, Ofengemüse, Wraps oder zur Brotzeit.

ZUTATEN FÜR 4 PORTIONEN

200 g Tofu, natur
2 Knoblauchzehen
240 ml natives Olivenöl
2 EL getrocknete italienische Kräuter
2 Lorbeerblätter
1/2 TL Salz
1/2 TL schwarzer Pfeffer
1/2 TL Chiliflocken

Damit der Tofu die Aromen des Olivenöls und der Gewürze besser aufnehmen kann, muss überschüssiges Wasser herausgepresst werden. Dafür den Tofu in ein paar Lagen Küchenpapier oder in ein sauberes Geschirrtuch einrollen und die Flüssigkeit von Hand leicht herauspressen.

Den Knoblauch schälen und fein hacken. Die Kräuter, die Gewürze und den Knoblauch in ein verschließbares 500-ml-Glas geben, 2/3 des Olivenöls dazugeben und gut verrühren. Die Tofuwürfel dazugeben, das Glas verschließen, und einmal gut schütteln. Mit dem restlichen Olivenöl auffüllen, bis der Tofu vollständig bedeckt ist. Für mindestens 24 Stunden im obersten Fach im Kühlschrank ziehen lassen. Der Tofu-Feta schmeckt nach 2–3 Tagen am besten.

TIPP: Damit das Olivenöl nicht hart wird, sollte der Feta am besten im obersten Fach des Kühlschranks gelagert werden. Dort bleibt er für eine gute Woche frisch!

PFLANZLICHER EI-ERSATZ

Eier sind ein wichtiger Bestandteil vieler Gerichte, da sie Flüssigkeiten binden und beim Backen als Lockerungs- und Bindemittel dienen. Es gibt jedoch viele verschiedene pflanzliche Alternativen.

LEINSAMEN UND CHIASAMEN

Etwa 10 Minuten in warmem Wasser einweichen und das entstandene Gel wie Ei in den Teig einrühren. 1 EL Samen in 3 EL Wasser ersetzt dabei 1 Ei. Bei feinen Teigen können die Samen vorher im Mixer gemahlen werden.

SOJA- ODER KICHERERBSENMEHL

1 EL Mehl der Hülsenfrüchte mit 2 EL Wasser vermengen, kurz quellen lassen und damit 1 Ei ersetzen. Auf S. 52 zeigen wir euch, wie ihr aus Kichererbsenmehl ein veganes Rührei machen könnt.

FRUCHTMARK

Beim Backen ersetzen 3 EL Apfelmus 1 Ei.

BANANEN

Die Hälfte einer großen Banane kann 1 Ei in fruchtigen Teigen ersetzen.

AQUAFABA

Das Kochwasser von Kichererbsen kann einfach als Alternative zu Eischnee aufgeschlagen werden. 2 EL Aquafaba entsprechen der Menge Eiweiß von 1 Ei. Übrigens auch perfekt für cremige Desserts geeignet.

SEIDENTOFU

75 g pürierter Seidentofu ersetzen im Teig 1 Ei.

TIPP: Alternativ gibt es auch ein Ei-Ersatzprodukt in Pulverform im Supermarkt zu kaufen.

SAISON-KALENDER

	JANUAR	FEBRUAR	MÄRZ	APRIL	MAI	JUNI
ÄPFEL	L	L	L	L	L	
BIRNEN	L					
BLUMENKOHL				G	F	F
BLUTORANGEN	I	I	I			
BOHNEN						F
BROKKOLI					F	F
BROMBEEREN						
CHICORÉE	F	F	F			
ENDIVIENSALAT					G/F	F
ERBSEN					F	F
FELDSALAT	G	G	G	G	F	F
FENCHEL					G	F
FRÜHLINGSZWIEBELN				F	F	F
GRANATAPFEL	I	I				
GRÜNKOHL	F	F				
KAROTTEN	L	L	L	L	L/G	L/F
KARTOFFELN	L	L	L	L	L	L/F
KNOLLENSELLERIE	L	L	L	L	L	L
KOHLRABI					F	F
KOPFSALAT			GH	GH/G	G/F	F
KÜRBIS	L	L	L			
LAUCH				G/F	F	F
MANGOLD					F	F
ORANGEN	I	I	I			
PASTINAKEN	L	L	L	L		
PETERSILIENWURZELN	L	L	L	L		
PFIFFERLINGE						
PFLAUMEN						
WINTER-PORTULAK	F	F	F	F		
RADICCHIO						F
RADIESCHEN				GH/G	F	F
ROMANASALAT					G/F	F
ROSENKOHL	F/L	F/L	L			
ROTE BETE	L	L	L	L	L	F
ROTKOHL	L	L	L	L	L	L/G
RUCOLA	G	G	G	G	F	F
SCHWARZWURZELN	L	L				
SPINAT				F	F	F
SPITZKOHL	L	L			G	F
STECKRÜBEN	L	L				
STEINPILZE						
SÜSSKARTOFFELN						
TOPINAMBUR	F	F	L			
TRAUBEN						
WEISSKOHL	L	L	L	L	L/G	L/G
WIRSING	L	L	L	L	L	G
ZUCCHINI						G
ZWIEBELN	L	L	L	L	L	L/G

F = Freiland | L = Lagerware | G = Geschützter Anbau (Abdeckung durch Folie, Vlies; ungeheizt) | I = Importware

Dieser **SAISONKALENDER** zeigt, wann die Helden unserer wärmenden Küche in ihrer schönsten Pracht erhältlich sind. Denn durch die ständige Verfügbarkeit nahezu aller Obst- und Gemüsesorten, die uns allzeit volle Supermarktregale suggerieren, verlieren wir leider manchmal aus den Augen, in welchem Monat Kartoffel, Kürbis und Co. wirklich zu Hause sind. Dabei haben frische Zutaten in der passenden Jahreszeit kürzere Transportwege hinter sich, sind besonders günstig und vor allem: Dann schmecken sie besonders aromatisch!

JULI	AUGUST	SEPTEMBER	OKTOBER	NOVEMBER	DEZEMBER	
	F	F	F	L	L	ÄPFEL
	F	F	L	L	L	BIRNEN
F	F	F	F	F		BLUMENKOHL
						BLUTORANGEN
F	F	F	F			BOHNEN
F	F	F	F	F		BROKKOLI
	F	F	F			BROMBEEREN
			F	F	F	CHICORÉE
F	F	F	F	F		ENDIVIENSALAT
F	F	F				ERBSEN
F	F	F	F	F /G	G	FELDSALAT
F	F	F	F	F		FENCHEL
F	F	F	F	F		FRÜHLINGSZWIEBELN
		I	I	I	I	GRANATAPFEL
		F	F	F	F	GRÜNKOHL
F	F	F	F	F	L	KAROTTEN
L / F	L / F	L / F	L / F	L / F	L	KARTOFFELN
F	F	F	F	L	L	KNOLLENSELLERIE
F	F	F	F	L		KOHLRABI
F	F	F	F	GH		KOPFSALAT
		F	F	F	L	KÜRBIS
F	F	F	F	F		LAUCH
F	F	F	F			MANGOLD
				I	I	ORANGEN
			F	F	F	PASTINAKEN
	F	F	F	F	L	PETERSILIENWURZELN
F	F	F	F			PFIFFERLINGE
	F	F				PFLAUMEN
				F	F	WINTER-PORTULAK
F	F	F	F	F		RADICCHIO
F	F	F	F	F /GH		RADIESCHEN
F	F	F	F	F		ROMANASALAT
		F	F	F	F	ROSENKOHL
F	F	F	F	F	L	ROTE BETE
F	F	F	F	F	L	ROTKOHL
F	F	F	F	F /G	G	RUCOLA
			F	F	L	SCHWARZWURZELN
F	F	F	F	F		SPINAT
F	F	F	F	F	L	SPITZKOHL
		F	F	L	L	STECKRÜBEN
	F	F	F			STEINPILZE
		F	F	L		SÜSSKARTOFFELN
			F	F	F	TOPINAMBUR
	F	F	F			TRAUBEN
F	F	F	F	F	L	WEISSKOHL
F	F	F	F	F	L	WIRSING
F	F	F	F			ZUCCHINI
F	F	F	F	L	L	ZWIEBELN

GH = Gewächshaus (ungeheizt oder schwach geheizt) | **GG** = Gewächshaus (geheizt)

02 ZUM AUFWÄRMEN

LINSEN-DAL

MIT MANGOLD UND NAAN

Das exotische Linsen-Dal mit Tomaten, Mangold und Kokos schmeckt nach Sommer und lässt mich in meinen Sri-Lanka-Urlaub zurückträumen. In Indien ist es ein Grundnahrungsmittel und Teil der Esskultur. Es wird fast zu jeder Hauptmahlzeit serviert, sogar zum Frühstück.

Zutaten

2 PORTIONEN

FÜR DAS DAL

2 cm Ingwer
1 Knoblauchzehe
250 g bunter Mangold
1 EL Kokosöl
1 TL gemahlene Kurkuma
½–1 TL Chiliflocken
1 TL gemahlener Kreuzkümmel
150 g rote Linsen
1 Dose stückige Tomaten (400 g)
100–150 ml Gemüsebrühe
400 ml Kokosmilch
Salz & Pfeffer
Agavendicksaft
Koriander

FÜR DAS NAAN

125 g Dinkelmehl
63 ml Pflanzendrink
38 g Soja-Joghurtalternative
4 g Zucker
1 TL Backpulver
1 TL Olivenöl
¼ TL Salz
2 EL Kokosöl
2 TL Sesam

Zubereitung

SCHNELL & EASY

Den Ingwer und den Knoblauch schälen und fein hacken. Den Mangold waschen und die Stiele in 1 cm große, die Blätter in mundgerechte Stücke schneiden. Kleine Blätter für die Deko beiseitelegen.

Kokosöl in einem Topf erhitzen und Ingwer und Knoblauch darin bei milder Hitze anschwitzen. Mangoldstiele, Kurkuma, Chili, Kreuzkümmel und die Linsen dazugeben und alles 2–3 Minuten rösten. Tomaten dazugeben und die Gemüsebrühe angießen. Bei geschlossenem Deckel und milder Hitze köcheln, dabei immer wieder umrühren.

Nach und nach die Kokosmilch hinzufügen, bis die Linsen gar sind. Das dauert ca. 12 Minuten. Linsen mit Salz, Pfeffer und etwas Agavendicksaft abschmecken. Ca. 5 Minuten vor Ende der Garzeit die Mangoldblätter hinzufügen.

Alle Zutaten für das Naan, außer Kokosöl und Sesam, in einer Rührschüssel mit einem Löffel vermischen. Mit der Hand zu einem glatten Teig verkneten. Diesen zu zwei Kugeln formen und jeweils zu kleinen Fladen ausrollen. Das Kokosöl in einer Pfanne erhitzen, bis es etwas zu rauchen beginnt. Die Teigfladen von jeder Seite 1–2 Minuten backen, dann mit Sesam bestreuen.

Das Linsen-Dal in Schüsseln anrichten und mit Mangoldblättern und Koriander garnieren. Das Naan dazu servieren.

FLÄDLE-SUPPE

WIE VON OMA

Eine klassische Flädlesuppe wie von Oma könnt ihr mit diesem Rezept ganz einfach selber machen. Die Suppe mit einer Einlage aus Gemüse und Pfannkuchen-Streifen ist eine Spezialität aus der schwäbischen Küche und schmeckt herrlich würzig und deftig.

Zutaten

4 PORTIONEN

FÜR DIE FLÄDLE

200 ml Pflanzendrink
100 g Dinkelmehl
10 g Kichererbsenmehl
½ TL Backpulver
Salz & Pfeffer
1 EL Sonnenblumenöl

FÜR DIE SUPPE

1 Möhre
100 g Knollensellerie
1 kleine Stange Lauch
1 Bund Schnittlauch
1 EL Olivenöl
1,5 l kräftige Gemüsebrühe
Salz & Pfeffer
geriebene Muskatnuss

Zubereitung

SLOWFOOD

In eine Schüssel Pflanzenmilch, Mehl, Kichererbsenmehl und Backpulver geben. Mit Salz und Pfeffer würzen. Mit einem Handrührgerät oder einem Schneebesen zu einem glatten Teig verarbeiten, der wesentlich flüssiger als ein Kuchenteig sein sollte. Beiseitestellen.

Eine kleine Menge Öl in einer Pfanne erhitzen. Etwa einen Schöpflöffel Pfannkuchenteig in die Pfanne gießen und gleichmäßig verstreichen. Ca. 2–3 Minuten backen, bis die Oberfläche des Pfannkuchens fast durchgebacken ist. Mit einem Pfannenwender den Teig vorsichtig am Rand von der Pfanne lösen, unter den Teig fahren und mit einer schnellen Bewegung wenden. 1 Minute fertig backen und auf einen Teller geben. Wiederholen, bis der Teig aufgebraucht ist.

Die Möhre und den Sellerie schälen, waschen und in dünne Streifen schneiden. Den Lauch waschen und in Ringe schneiden. Den Schnittlauch in feine Röllchen schneiden. Öl in einem Topf erhitzen und Möhre, Sellerie und Lauch anschwitzen. Dann die Brühe zugeben und einmal aufkochen. 10 Minuten bei geringer Hitze köcheln lassen, bis das Gemüse weich ist. Mit Salz, Pfeffer und Muskat abschmecken.

Die kalten Pfannkuchen aufrollen und in feine Streifen schneiden. Die Flädle in tiefe Teller geben, mit der Suppe übergießen und mit Schnittlauch garnieren. Die Flädle auf keinen Fall in der Brühe kochen, ansonsten verlieren sie die Form und sind nicht mehr bissfest.

TIPP

Die Pfannkuchen mindestens 4 Stunden oder am besten über Nacht auskühlen und fest werden lassen.

SCHWARZ-WURZEL-EINTOPF

MIT MEERRETTICH

Meerrettich fegt nicht nur ganz hervorragend die Nebenhöhlen durch, er ist auch wunderbar dafür geeignet, erdig-süßliches Gemüse wie Schwarzwurzeln ein bisschen aus der Reserve zu locken. Zusammen spielen sie die Hauptrollen in diesem sättigenden, fast sahnigen Wintereintopf, der Bauch und Seele erwärmt.

Zutaten

4 PORTIONEN

FÜR DIE SUPPE

1 Zitrone
500 g Schwarzwurzeln
1 Zwiebel
1 Möhre
½ Knollensellerie
4 Knoblauchzehen
500 g vorwiegend festkochende Kartoffeln
4 Frühlingszwiebeln
4 Zweige Thymian
2 EL Öl
100 ml trockener Weißwein (alternativ 80 ml heller Traubensaft + 1–2 EL Apfelessig)
1 Lorbeerblatt
ca. 1 l Gemüsebrühe
3 EL TK-Erbsen
80 g frischer Meerrettich
1–2 EL süßer Senf
Salz
frisch gemahlener Pfeffer

FÜR DAS TOPPING

1 Apfel
1 EL Öl
2 Zweige Thymian

Zubereitung

ALL-TIME-YUMMY

Die Zitrone auspressen und den Saft mit 2 l Wasser in eine Schüssel gießen. Für das Verarbeiten der Schwarzwurzeln Einweghandschuhe anziehen, denn sie färben stark! Die Schwarzwurzeln gründlich waschen. Mit einem Sparschäler schälen, in 1–1 ½ cm lange Stücke schneiden und sofort in das Zitronenwasser geben.

Zwiebel, Möhre, Sellerie und Knoblauch schälen. Die Zwiebel und den Knoblauch hacken, die Möhre und den Sellerie fein würfeln. Die Kartoffeln schälen und würfeln. Den weißen und den grünen Teil der Frühlingszwiebeln getrennt voneinander in Ringe schneiden. Den Thymian waschen, trocken schütteln und die Blättchen abzupfen.

Das Öl in einem Topf erhitzen und darin Zwiebel, Möhre und Sellerie 5 Minuten andünsten. Den Knoblauch und den weißen Teil der Frühlingszwiebeln zugeben und kurz mitdünsten. Die Schwarzwurzeln abgießen und mit den Kartoffeln zugeben. Mit Weißwein ablöschen. Lorbeer, Thymian und Gemüsebrühe zugeben und alles zum Kochen bringen. 10–15 Minuten köcheln lassen, bis das Gemüse bissfest ist.

Für das Topping den Apfel vierteln, entkernen und in feine Würfelchen schneiden. Öl in einer Pfanne erhitzen und die Apfelwürfel darin kurz scharf anbraten. Den Thymian waschen, trocken schütteln, die Blättchen abzupfen und zu den Äpfeln in die Pfanne geben, einmal durchschwenken und vom Herd nehmen.

Den Meerrettich schälen und fein reiben (am besten mit einer Küchenmaschine). Das Lorbeerblatt aus der Suppe entfernen. Drei Kellen Suppe in einen Mixbecher geben, mit einem Stabmixer pürieren und wieder in den Topf gießen. Erbsen und Meerrettich untermischen.

Die Suppe vom Herd nehmen und mit süßem Senf, Salz und Pfeffer abschmecken. In Schalen verteilen und mit den grünen Frühlingszwiebelringen und Apfelwürfeln bestreut servieren.

RÖST-PAPRIKA-CREMESUPPE

MIT KNUSPERBOHNEN

Diese Suppe und das Topping gehen aus geschmacklichen sowie praktischen Gründen Hand in Hand: Während die Bohnen im Backofen schön knusprig werden, röstet die Knoblauchknolle ebenfalls auf dem Blech. Doch die Hülsenfrüchte eignen sich auch ganz prima als würzige und proteinreiche Knabberei, die den Filmabend begleitet.

Zutaten

4 PORTIONEN

FÜR DIE SUPPE

1 Knoblauchknolle

Olivenöl

2 Dosen Riesenbohnen (à 240 g Abtropfgewicht)

400 g geröstete Paprika (Glas)

1 Schalotte

Olivenöl

2 TL Kreuzkümmelsamen

400 ml Gemüsebrühe

1 Dose stückige Tomaten (400 g)

Salz

Harissapaste

½ Bund glatte Petersilie

FÜR DIE KNUSPERBOHNEN

1 Dose Riesenbohnen (240 g Abtropfgewicht)

1 TL Speisestärke

1 TL Knoblauchgranulat

½ TL gemahlener Kreuzkümmel

½ TL geräuchertes Paprikapulver

Salz

frisch gemahlener Pfeffer

Zubereitung

ALL-TIME-YUMMY

Den Backofen auf 200 °C (Ober-/Unterhitze) vorheizen und ein Blech mit Backpapier auslegen. Die Spitze der Knoblauchknolle mit abschneiden (ca. 2 cm) und die Knolle mit Öl einreiben. Auf das Blech setzen. Die abgeschnittenen Knoblauchzehenspitzen beiseitelegen.

Die Bohnen in ein Sieb geben und abtropfen lassen. 250 g Bohnen auf Küchenpapier geben und trocken tupfen. In einer Schüssel Speisestärke, Knoblauchgranulat, Kreuzkümmel, Paprikapulver, ¼ TL Salz und ¼ TL Pfeffer mischen. Die abgetupften Bohnen und 1 TL Öl zugeben und alles gut vermengen. Die Bohnen auf das Blech mit dem Knoblauch geben. Alles 30 Minuten backen. Den Knoblauch ggf. gegen Ende der Backzeit mit Backpapier abdecken.

Für die Suppe die Bohnen abtropfen lassen und die Paprikaschoten grob schneiden. Die Schalotte schälen und hacken. 2 EL Öl in einem Topf erhitzen und die Schalotte 3 Minuten darin andünsten. Die Knoblauch-Reststücke und die Kreuzkümmelsamen zugeben und 1 Minute unter Rühren mit erhitzen. Paprika, Bohnen, Gemüsebrühe und stückige Tomaten zugeben und alles aufkochen. Die Knoblauchzehen aus der gerösteten Knolle aus den Häutchen drücken und zugeben. Die Suppe pürieren und mit Salz und Harissapaste abschmecken (mit ½ TL Paste beginnen, sie ist recht scharf).

Die Petersilie waschen, trocken schütteln und hacken. Die Suppe in Schalen gießen. Mit Petersilie und Knusperbohnen garnieren und mit etwas Olivenöl beträufelt servieren. Dazu schmeckt geröstetes Brot.

ROTE-BETE-EINTOPF

Die rote Knolle ist ein absolutes Lieblingsgemüse im Winter. Sie stärkt mit Vitamin C, Zink und Selen das Immunsystem. Daraus entsteht ein gesunder Eintopf mit ordentlich Gemüse-Power.

Zutaten

2 PORTIONEN

2 Rote Beten
3 festkochende Kartoffeln
1 rote Zwiebel
4 Champignons
3 Wacholderbeeren
2 Nelken
1 Lorbeerblatt
500 ml Gemüsebrühe
1 TL Weißweinessig
Salz & Pfeffer
2 Stiele Petersilie
½ Zitrone

Zubereitung

ALL-TIME-YUMMY

Die Rote Bete und Kartoffeln schälen und in Würfel schneiden. Die Zwiebel schälen und in Ringe schneiden. Die Champignons putzen und in Scheiben schneiden.

Die Gemüsebrühe in einen Topf geben, dann Gemüse, Pilze und die Gewürze hinzufügen und die Brühe aufkochen. Einen Schuss Weißweinessig dazugeben und etwa 30 Minuten leicht köcheln lassen. Währenddessen die Petersilie waschen und fein hacken.

Den Saft einer halben Zitrone auspressen. Den Eintopf mit Salz, Pfeffer und etwas Zitronensaft abschmecken und mit Petersilie garnieren.

OFEN-KÜRBIS-SUPPE

MIT APFEL

Das Wohlfühlessen, auf das wir uns schon den ganzen Sommer freuen. Kürbissuppe ist ein echter Klassiker im Herbst. Für ein besonders leckeres Aroma wird der Kürbis vor dem Pürieren zusammen mit Apfel und Thymian im Ofen geröstet. Der Apfel bringt eine fruchtige Säure in die cremige Suppe.

Zutaten

2 PORTIONEN

FÜR DIE SUPPE

600 g Hokkaido-Kürbis
1 Apfel
1 große Zwiebel
2 Knoblauchzehen
2–3 Zweige Thymian
Salz & Pfeffer
2–3 EL Olivenöl
500 ml Gemüsebrühe

FÜR DAS TOPPING

3 EL Kürbiskerne
1–2 Stiele Petersilie
2 EL Hafercreme Cuisine

Zubereitung

ALL-TIME-YUMMY

Den Backofen auf 200 °C (Ober-/Unterhitze) vorheizen. Kürbis und Apfel waschen, entkernen und in Würfel schneiden, Zwiebel und Knoblauch schälen und würfeln. Thymian waschen, trocken schütteln und von den Zweigen zupfen. Kürbis, Apfel, Zwiebel und Knoblauch auf einem Backblech verteilen. Mit Thymian, Salz, Pfeffer und Olivenöl mischen und ca. 30 Minuten im Backofen rösten.

Währenddessen die Kürbiskerne ohne Fett in eine beschichtete Pfanne geben und auf mittlerer Stufe erhitzen. Unter Rühren ca. 3–4 Minuten gleichmäßig rösten. Sobald sie anfangen zu duften und leicht gebräunt sind, sofort herausnehmen. Die Petersilie waschen, trocken schütteln und fein hacken.

Wenn der Kürbis weich ist, alles zusammen in einen Topf geben und mit der Gemüsebrühe fein pürieren. Noch mal aufkochen lassen und mit Salz und Pfeffer abschmecken.

Die Suppe mit der Hafercreme Cuisine beträufeln und mit den Kürbiskernen und der Petersilie servieren. Dazu schmeckt geröstetes Brot.

KARTOFFEL-PAPRIKA-TOPF

MIT LINSEN

Ein wärmendes Gericht für ein schnelles Mittagessen. Du kannst gerne die doppelte Menge kochen, denn am nächsten Tag schmeckt es sogar noch besser.

Zutaten

4 PORTIONEN

1 rote Zwiebel
2 Knoblauchzehen
250 g Kartoffeln
250 g Süßkartoffeln
2 rote Paprika
½ Bund Petersilie
200 g rote Linsen
2 EL Olivenöl
800 ml Gemüsebrühe
1 Dose stückige Tomaten (400 g)
1 EL getrockneter Oregano
1 EL Kräuter der Provence
2 EL Paprikapulver
1 Msp. Chilipulver (nach Belieben)
1 TL gemahlener Kreuzkümmel
1 Msp. geriebene Muskatnuss
Salz & Pfeffer

Zubereitung

SCHNELL & EASY

Zwiebel und Knoblauch schälen und fein hacken. Die Kartoffeln und Süßkartoffel waschen, schälen und in ca. 2 cm große Würfel schneiden. Paprika waschen, das Kerngehäuse entfernen und ebenfalls in Würfel schneiden. Die Petersilie waschen und klein hacken. Rote Linsen in einem Sieb unter kaltem Wasser waschen und abtropfen.

Zwiebel und Knoblauch in Olivenöl anschwitzen. Die Paprika, Kartoffeln und Süßkartoffeln hinzugeben und kurz mitbraten. Mit Brühe und Dosentomaten ablöschen. Die Kräuter und Gewürze sowie 2 EL Petersilie dazugeben und gut umrühren. 5 Minuten köcheln lassen. Die Linsen dazugeben und weitere 15–20 Minuten köcheln, bis die Kartoffeln weich sind.

Noch einmal abschmecken. Mit der übrigen Petersilie garnieren.

MAUL-TASCHEN-SUPPE

MIT SPINAT-CHAMPIGNON-FÜLLUNG

Eine Suppe, die ich schon als Kind geliebt habe. Der Nudelteig wird mit Spinat, Kartoffeln, Petersilie und Champignons gefüllt. Serviert werden die Maultaschen in einer leckeren Gemüsebrühe.

Zutaten

2 PORTIONEN

FÜR DEN TEIG

100 g Weizenmehl (Type 550)
100 g Hartweizengrieß
Salz
1 EL Olivenöl

FÜR DIE FÜLLUNG

100 g mehligkochende Kartoffeln
100 g Spinat
100 g braune Champignons
1 Bund Petersilie
1 kleine Zwiebel
1 Knoblauchzehe
½ EL Margarine
1 EL Olivenöl
Salz & Pfeffer
1 Prise geriebene Muskatnuss

AUSSERDEM

750 ml Gemüsebrühe
Salz & Pfeffer

Zubereitung

SLOWFOOD

Mehl, Hartweizengrieß und ½ TL Salz in eine Schüssel geben und miteinander vermischen. Olivenöl und ca. 80 ml Wasser dazugeben. Für 10 Minuten gut verkneten, bis ein elastischer, geschmeidiger Teig entsteht. Die Teigkugel in Frischhaltefolie einwickeln und 1 Stunde im Kühlschrank kaltstellen.

In der Zwischenzeit die Kartoffeln schälen und in einem Topf mit ausreichend Wasser in 20–25 Minuten gar kochen. Den Spinat waschen und trocken schleudern. Die Champignons putzen und in kleine Stücke schneiden. Die Petersilie waschen, trocken schütteln und fein hacken. Zwiebel und Knoblauch schälen und fein hacken.

Die Kartoffeln abgießen, Margarine zugeben und mit einem Kartoffelstampfer fein stampfen. Öl in einer Pfanne erhitzen, Zwiebel und Knoblauch 1–2 Minuten anschwitzen, Champignons und Spinat zugeben und weitere 5 Minuten anschwitzen. Die Gemüsemischung und die Hälfte der Petersilie zu den Kartoffeln geben und miteinander vermengen. Mit ¼ TL Salz, 1 Prise Pfeffer und Muskat abschmecken.

Den Maultaschenteig aus dem Kühlschrank nehmen, nochmals durchkneten und auf einer bemehlten Arbeitsfläche dünn ausrollen. Mithilfe eines Lineals und eines scharfen Messers oder Teigrädchens Rechtecke von 6 x 12 cm ausschneiden. Die Ränder leicht mit Wasser befeuchten. Jeweils 1 EL Füllung auf die eine Hälfte der Teigrechtecke setzen, zusammenklappen und gut andrücken. Die Schnittflächen zusätzlich mit den Zinken einer Gabel zudrücken.

Die Brühe in einem Topf zum Kochen bringen, die restliche Petersilie hineingeben, mit Salz und Pfeffer abschmecken. Die Maultaschen in

TIPP

Wenn ihr noch Maultaschen übrig habt, könnt ihr sie auch am nächsten Tag in der Pfanne anbraten und mit einem Salat servieren. In Schwaben nennt man sie dann g'schmälzde Maultaschen.

die kochende Brühe geben, die Hitze auf kleine Stufe reduzieren und die Maultaschen 10–12 Minuten ziehen lassen, bis sie an der Oberfläche schwimmen. Die Maultaschen mit einer Schaumkelle auf Suppenteller verteilen, mit heißer Brühe übergießen und servieren.

KÜRBIS-GRÜNKOHL-CURRY

MIT KICHERERBSEN UND GRÜNKOHLCHIPS

Vegane Currys gehören zu den perfekten Herbst- und Wintergerichten. Dieses cremige Curry mit Kürbis und Grünkohl ist ein richtiges Soulfood. Kokosmilch macht das Curry typisch sämig. Für den Crunch gibt es geröstete Kichererbsen und Grünkohlchips als Topping.

Zutaten

4 PORTIONEN

FÜR DIE TOPPINGS

100 g Grünkohl

1 EL Olivenöl

½ TL Garam Masala

Salz

1 Dose Kichererbsen (240 g Abtropfgewicht)

3–4 TL getrockneter Oregano

FÜR DAS CURRY

500 g Kürbis (Hokkaido oder Butternut)

1 Knoblauchzehe

1 weiße Zwiebel

300–350 g mittelgroße Tomaten und Kirschtomaten

2–3 Handvoll Grünkohl

1 EL Rapsöl

3 TL Garam Masala

1 Prise Chiliflocken

Salz & Pfeffer

400 ml Kokosmilch

Zubereitung

ALL-TIME-YUMMY

Den Ofen auf 150 °C (Umluft) vorheizen. Für die Grünkohlchips den Grünkohl sorgfältig putzen, waschen, gut trocknen und den Strunk entfernen. Dann in chipsgroße Stücke zupfen. Olivenöl, Garam Masala und 1 Prise Salz in einer Schüssel vermischen. Den Grünkohl hinzugeben und die Öl-Gewürz-Mischung gut mit den Händen einmassieren. Dadurch werden die Kohlblätter weicher und alles wird gut mit Gewürz und Olivenöl benetzt. Den Grünkohl auf ein mit Backpapier ausgelegtes Blech geben, die einzelnen Chips sollten sich nicht überlappen, damit sie gleichmäßig trocknen können. Im heißen Ofen 15–20 Minuten knusprig backen, dabei mit einem Holzlöffel die Ofentür einen Spalt geöffnet halten. Nach ca. 10 Minuten die Chips wenden und weiterbacken. Herausnehmen, auskühlen lassen.

Den Kürbis waschen, halbieren und die Kerne entfernen. In ca. 2 cm große Stücke schneiden. Den Knoblauch schälen und fein hacken, die Zwiebel schälen und würfeln. Die Tomaten waschen und klein schneiden, die Kirschtomaten halbieren. Den Grünkohl waschen, den Strunk entfernen, die Blätter in mundgerechte Stücke zupfen.

Für das zweite Topping die Kichererbsen abtropfen lassen und waschen. Mit Oregano und Salz marinieren. Im Ofen bei 200 °C (Ober-/Unterhitze) etwa 20 Minuten backen, bis sie knusprig sind.

Währenddessen in einer großen Pfanne das Rapsöl erhitzen. Knoblauch und Zwiebel hineingeben und anbraten. Kürbis und Grünkohl ebenfalls dazugeben. Mit Garam Masala, Chili, Salz und Pfeffer würzen und unter Rühren anrösten. Mit etwas Kokosmilch und 100 ml Wasser ablöschen und 5 Minuten zugedeckt köcheln lassen. Nach und nach

TIPP

Dazu schmeckt Basmatireis.

die restliche Kokosmilch dazugießen und weitere 10 Minuten köcheln lassen, bis der Kürbis weich ist. Mit Salz und Pfeffer abschmecken. Die gerösteten Kichererbsen auf das Curry geben und mit den Grünkohlchips garnieren.

WÜRZIGE PHỞ

MIT REISNUDELN & TOFU

Die vietnamesische Suppe Phở basiert traditionell auf Rinderbrühe. Dies ist eine leckere vegane Variante, die mit weihnachtlichen Gewürzen wie Zimt, Sternanis und Nelke perfekt in die Winterzeit passt. Damit die Brühe auch wirklich einen kräftigen und runden Geschmack bekommt, helfen Miso-Paste und Sojasoße aus.

Zutaten

2 PORTIONEN

FÜR DIE BRÜHE

2 Zwiebeln
1 Stück Ingwer (4 cm)
2 Knoblauchzehen
1 EL Kokosöl
2 Sternanis
1 Zimtstange
6 Nelken
1 TL Koriandersamen
1 EL Miso-Paste
1,5 l Gemüsebrühe
1 EL Sojasoße
1–2 EL Ahornsirup

FÜR DIE EINLAGE

200 g breite Reisnudeln
150 g Tofu
1 EL Pflanzenöl
1 EL Sojasoße
125 g Shiitake
1 Chili
2 Handvoll Mungbohnensprossen
½ Bund Koriander
½ Bund Thai-Basilikum
1 Limette

Zubereitung

ALL-TIME-YUMMY

Zuerst die Reisnudeln für die Suppeneinlage nach Packungsanweisung kochen. Dann die Brühe zubereiten: Dafür die Zwiebeln schälen und grob vierteln. Den Ingwer und Knoblauch ebenfalls schälen und klein schneiden. Das Kokosöl in einem mittelgroßen Topf erhitzen. Zwiebeln, Ingwer, Knoblauch, Sternanis, Zimtstange, Nelken und Koriandersamen in den Topf geben und ein paar Minuten anrösten.Währenddessen die Miso-Paste in der Gemüsebrühe auflösen und die Gewürze im Topf damit ablöschen. Sojasoße und Ahornsirup hinzugeben und 30 Minuten auf kleiner Hitze köcheln.

Für die Einlage den Tofu würfeln und in einer Pfanne in etwas Öl von allen Seiten goldbraun rösten. Mit Sojasoße ablöschen und beiseitestellen.

Die Zutaten der Brühe abseihen, die Brühe auffangen und zurück in den Topf schütten. Die Shiitake in den Topf geben, 10 Minuten aufkochen und dann vom Herd nehmen.

Für die Toppings den Chili in feine Ringe schneiden, die Mungbohnensprossen gründlich waschen und trocken tupfen. Die Kräuter ebenfalls waschen und ggf. grob hacken. Die Limette vierteln. Nun die Nudeln auf zwei Schüsseln aufteilen und die Suppe darübergießen. Sprossen, Tofu sowie Kräuter, Chili und pro Schale den Saft einer halben Limette frisch darübergeben.

PETERSILIEN-WURZEL-SUPPE

MIT KARAMELLISIERTEN PEKANNÜSSEN

In diesem Rezept übernimmt der Backofen fast die ganze Arbeit! Während das Gemüse für das köstliche Süppchen dort gemütlich gart und ein paar Röstaromen sammelt, kann in Ruhe das Karamell-Nuss-Topping vorbereitet werden. Aber Vorsicht, es ist so lecker, dass man eine Extraportion zum Naschen einplanen sollte.

Zutaten

4 PORTIONEN

FÜR DIE SUPPE

2 EL Olivenöl
1 TL Koriandersamen
1 TL Kreuzkümmelsamen
½ TL gemahlene Kurkuma
½ TL helle Senfsamen
800 g Petersilienwurzeln
1 große Zwiebel
3 Knoblauchzehen
Salz
1–1,2 l Gemüsebrühe
1 EL Tomatenmark
150 ml Hafercreme Cuisine
frisch gemahlener Pfeffer
1 EL Zitronensaft

FÜR DAS TOPPING

1 große Handvoll Pekannusskerne
2 EL Aceto balsamico
1 EL Ahornsirup
1 TL Olivenöl
1 ½ TL Garam Masala
1 große Prise Salz
1 TL Kreuzkümmelsamen
Petersilie (als Garnitur)

Zubereitung

ALL-TIME-YUMMY

Den Backofen auf 220 °C (Ober-/Unterhitze) vorheizen. Ein Blech mit Backpapier auslegen.

Das Öl mit Koriander, Kreuzkümmel, Kurkuma und Senfsamen mischen. Die Petersilienwurzeln waschen, schälen und in grobe Stücke schneiden. Die Zwiebel schälen und in acht Stücke schneiden, den Knoblauch schälen. Petersilienwurzeln, Zwiebeln und Knoblauch mit dem Gewürzöl mischen, salzen und auf dem Backblech verteilen. In ca. 30 Minuten goldbraun backen.

Für das Topping die Nüsse grob hacken. Mit Balsamico, Ahornsirup, Olivenöl, Garam Masala und Salz in eine kleine Pfanne geben und bei mittlerer Hitze unter Rühren karamellisieren. Die Kreuzkümmelsamen dazugeben und untermischen. Vom Herd nehmen, ein Blatt Backpapier auf ein Brett legen und die Nüsse darauf abkühlen lassen.

Die Gemüsebrühe mit Tomatenmark in einem großen Topf erhitzen. Das geröstete Gemüse und die Hafercreme Cuisine zugeben und alles pürieren. Die Suppe mit Salz, Pfeffer und Zitronensaft abschmecken, in tiefe Teller oder Schalen gießen und mit Nüssen und Petersilie garniert servieren.

INGWER-GRAUPEN-SÜPPCHEN

MIT MISO

Graupen, also polierte Gerstenkörner, haben die Eigenschaft, Suppen mit der Zeit ein wenig sämiger zu machen – manche lieben das, andere mögen Suppen lieber etwas flüssiger. In dem Fall können die nussigen Körnchen separat gegart und erst kurz vor dem Servieren zugegeben werden.

Zutaten

4 PORTIONEN

1 Zwiebel
1 Möhre
1 Stange Lauch
1 Stange Staudensellerie
4 Knoblauchzehen
4 cm Ingwer
200 g Perlgraupen
½ Bund glatte Petersilie
2 EL Olivenöl
2 TL gemahlene Kurkuma
½ TL Pul Biber (alternativ andere Chiliflocken)
1,5 l Gemüsebrühe
1 EL Miso-Paste (am besten Genmai-Miso)
1 TL Zitronensaft
Salz
frisch gemahlener Pfeffer

Zubereitung

ALL-TIME-YUMMY

Die Zwiebel und die Möhre schälen und würfeln. Den Lauch putzen und die dunkelgrünen Teile entfernen, längs vierteln und klein schneiden. Den Sellerie würfeln. Knoblauch und Ingwer schälen und fein hacken. Die Graupen in ein feines Sieb geben und abbrausen. Die Petersilie waschen, trocken schütteln und fein hacken.

Olivenöl in einem Topf erhitzen und Zwiebel, Möhre, Lauch und Sellerie darin 5 Minuten andünsten. Knoblauch und Ingwer zugeben und 30 Sekunden mitdünsten. Die Graupen zusammen mit Kurkuma und Pul Biber untermischen. Mit Gemüsebrühe ablöschen, alles zum Kochen bringen und bei niedriger Temperatur und geschlossenem Deckel 20–30 Minuten köcheln lassen, bis die Graupen bissfest sind. Vom Herd nehmen.

Das Miso mit Zitronensaft und 3 EL Brühe verrühren und mit der Petersilie zugeben. Die Suppe mit Salz und Pfeffer abschmecken und servieren.

03 GEMÜTLICHER ABEND MIT FREUND*INNEN

SPAGHETTI

MIT PILZ-BOLOGNESE

Ein richtiges Wohlfühlessen, das wohl jeder mag. Die Bolognese mache ich mit Pilzen. Die passen nun mal am besten zum Herbst und sind eine tolle Alternative zu Linsen- oder Soja-Bolognese.

Zutaten

2 PORTIONEN

1 große Zwiebel
2 Knoblauchzehen
2 Möhren
250 g Pilze (z. B. Steinpilze, Kräuterseitlinge oder Champignons)
2–3 EL Olivenöl
1 EL Tomatenmark
50 ml trockener Rotwein (alternativ Traubensaft und 1 Schuss Weißweinessig)
100 ml Gemüsebrühe
1 Dose stückige Tomaten (400 g)
2 Zweige Thymian
2 Zweige Rosmarin
1 Lorbeerblätter
200 g Spaghetti
Salz & Pfeffer
Cashew-Parmesan (siehe S. 10)

Zubereitung

ALL-TIME-YUMMY

Für die Bolognese Zwiebel, Knoblauch und Möhren schälen und in feine Würfel schneiden. Die Pilze putzen und ebenfalls fein würfeln.

Olivenöl in einem Bräter oder einer hohen Pfanne erhitzen. Zwiebeln, Knoblauch, Pilze und Möhren darin etwa 5 Minuten kräftig anbraten, dabei ab und zu wenden. Tomatenmark hinzugeben und unter Rühren anrösten. Mit Rotwein und Gemüsebrühe ablöschen und aufkochen lassen. Die Dosentomaten hinzufügen.

Rosmarin und Thymian waschen und trocken schütteln, die Zweige zusammen mit dem Lorbeerblatt in den Topf geben. Kurz aufkochen und bei mittlerer Hitze 30 Minuten schmoren, dabei ab und zu umrühren. Anschließend Lorbeerblatt, Thymian und Rosmarin entfernen.

Die Spaghetti nach Packungsanweisung in Salzwasser al dente kochen. Die Pilz-Bolognese mit Salz und Pfeffer abschmecken und mit der Pasta vermengen. Auf Tellern anrichten und nach Belieben mit Cashew-Parmesan bestreuen.

KÜRBIS-RISOTTO

MIT PILZEN & GERÖSTETEN WALNÜSSEN

Einfach und schnell zubereitet und dazu noch lecker und gesund: Dieses Kürbisrisotto ist ein wunderbar wärmendes Gericht für kühle Herbsttage! Noch herbstlicher wird es mit angebratenen Pilzen und gerösteten Walnüssen als Topping.

Zutaten

2 PORTIONEN

100 g Zwiebeln
1 Knoblauchzehe
300 g Hokkaido-Kürbis
Olivenöl
1 Handvoll Walnusskerne
250 g Risottoreis
2 Zweige Thymian
150 ml Weißwein (alternativ 50 ml Aceto balsamico bianco und 100 ml Brühe)
300–500 ml Gemüsebrühe
125 g Champignons
2 EL Hefeflocken (alternativ veganer Parmesan)
Weißweinessig
Salz & Pfeffer
2 TL Cashew-Parmesan (siehe S. 10)

Zubereitung

ALL-TIME-YUMMY

Den Backofen auf 200 °C (Ober-/Unterhitze) vorheizen. Zwiebeln und Knoblauch schälen und fein hacken. Den Kürbis waschen, halbieren und die Kerne mit einem Löffel herauslösen. 250 g Kürbis mit einem Mixer fein zerhacken oder fein reiben, den Rest in Scheiben schneiden. Die Kürbisscheiben auf ein mit Backpapier ausgelegtes Backblech verteilen, mit Olivenöl beträufeln, salzen und 20 Minuten im heißen Ofen rösten. Die Walnüsse grob hacken und in den letzten 5 Minuten mit auf das Blech legen, bis sie goldbraun geröstet sind.

2 EL Olivenöl in einem Topf erhitzen und 75 g Zwiebeln sowie den Knoblauch darin anschwitzen. Den Risottoreis dazugeben und ca. 4 Minuten mit anschwitzen, bis dieser glasig wird. Den geriebenen Kürbis dazugeben und kurz anbraten. Den Thymian waschen und trocken schütteln. Einen Thymianzweig zum Risotto geben und alles mit Weißwein ablöschen. Das Risotto ca. 25 Minuten bei mittlerer Hitze köcheln lassen. Dabei immer wieder eine Kelle Brühe nachgießen, wenn der Reis die Flüssigkeit aufgenommen hat.

Während das Risotto kocht, die Champignons putzen und in dicke Scheiben schneiden. Mit den restlichen Zwiebeln in Olivenöl knusprig anbraten. Zum Schluss die Hefeflocken unter das Risotto rühren und mit etwas Weißweinessig, Salz und Pfeffer abschmecken. Das Risotto in tiefen Tellern servieren, die Pilze und die Kürbisspalten daraufgeben und mit dem restlichen Thymian, den Walnüssen und Cashew-Parmesan garnieren.

KOHLRABI-PÄCKCHEN

MIT PINIENKERNEN UND CRANBERRYS

Diese kleinen Röllchen sind sozusagen die Cousinen von gefüllten Weinblättern und passen ebenso gut zu allerlei mediterranen Vorspeisen. Und ganz nebenbei tun wir damit nicht nur etwas für den Genuss, sondern auch für unsere Abwehrkräfte, denn die im Kohlrabi enthaltenen aromatischen Senföle gelten als entzündungshemmend. Win-win!

Zutaten

4 PORTIONEN

2–3 kleine Kohlrabi (500 g) mit ca. 16 schönen Blättern (siehe Tipp)
5 EL Öl
30 g kurze Fadennudeln
100 g Basmatireis
Salz
40 g Pinienkerne
1 Zwiebel
2 Knoblauchzehen
je 2 Stiele glatte Petersilie, Dill und Minze
2 EL getrocknete Cranberrys
100 g veganer Frischkäse
1 gestrichener TL Hefeflocken
2 TL Ras el Hanout
Abrieb von ½ Bio-Zitrone
frisch gemahlener Pfeffer
200 ml Gemüsebrühe
4 EL Soja-Joghurtalternative

AUSSERDEM

ca. 12 Zahnstocher

Zubereitung

ALL-TIME-YUMMY

Den Kohlrabi schälen und grob raspeln. Die Blätter waschen und abtrocknen. Die Stiele fein hacken. 1 EL Öl in einem Topf bei mittlerer Hitze zerlassen und die Nudeln darin 1 Minute anbraten. Den Reis, 200 ml Wasser und ½ TL Salz zugeben und aufkochen. Abgedeckt bei niedrigster Temperatur 10 Minuten garen. Vom Herd nehmen und weitere 10 Minuten quellen lassen.

Die Pinienkerne in einer Pfanne ohne Fett goldbraun rösten. Abkühlen lassen. Zwiebel und Knoblauch schälen und fein hacken. Die Kräuter waschen, trocken tupfen und ebenfalls fein hacken. Cranberrys und Pinienkerne grob hacken.

In einer Pfanne 1 EL Öl erhitzen und Zwiebeln, Knoblauch und Kohlrabistiele 5 Minuten dünsten. Vom Herd nehmen und mit Frischkäse, Hefeflocken, Pinienkernen, Cranberrys, Kräutern, Ras el Hanout, Zitronenabrieb und geraspeltem Kohlrabi zum Reis geben. Alles gut vermengen und mit Salz und reichlich Pfeffer abschmecken.

Je 1½–2 EL Füllung auf die Kohlrabiblätter geben, die Blätter einrollen und mit Zahnstochern fixieren. Das restliche Öl in einem Bräter erhitzen und die Kohlrabipäckchen darin kurz rundum anbraten. Mit Brühe ablöschen und abgedeckt ca. 20 Minuten schmoren. Warm oder bei Zimmertemperatur mit Joghurt servieren.

TIPP

Kohlrabi wird in der Regel gerne ohne Blätter gekauft. Wenn also an den 2–3 Knollen nicht genügend schöne Blätter dran sein sollten, dürfen bestimmt ein paar von anderen Knollen abgemacht werden – einfach nachfragen.

PILZ-GYROS-BOWL

MIT ROSMARIN-ZITRONEN-KARTOFFELN, WEISSKRAUT & ZAZIKI

An kalten, grauen Tagen bringt diese Bowl uns den Geschmack Griechenlands auf den Teller und lässt uns von warmen Sommertagen am Meer träumen.

Zutaten

2 PORTIONEN

FÜR DIE KARTOFFELN

500 g kleine Kartoffeln (Drillinge)
1 Zweig Rosmarin
1–2 EL Olivenöl
2 EL Zitronensaft
1 Knoblauchzehe
1 TL getrockneter Oregano
Salz & Pfeffer

FÜR DAS GYROS

300 g Kräuterseitlinge
2 rote Zwiebeln
2 Knoblauchzehen
6–8 EL Olivenöl
1 EL Kräuter de Provence
1 Msp. Chilipulver (nach Belieben)
2 EL Paprikapulver
Salz & Pfeffer

FÜR DAS WEISSKRAUT

300 g Weißkohl
½ rote Zwiebel
½ Knoblauchzehe
¼ Chilischote
1–2 EL Olivenöl
½ TL gemahlene Kurkuma
1 TL gemahlener Kreuzkümmel
2 EL Weißweinessig
Salz & Pfeffer

FÜR DAS ZAZIKI

½ Salatgurke
2 Stiele Petersilie
Salz & Pfeffer
2 Knoblauchzehen
250 g vegane Joghurtalternative

Zubereitung

ALL-TIME-YUMMY

Ein Backblech mit Backpapier belegen und den Ofen auf 200 °C (Ober-/Unterhitze) vorheizen.

Kartoffeln waschen und halbieren. Den Rosmarin waschen, trocken schütteln, die Nadeln abzupfen und fein hacken. Den Knoblauch schälen und ebenfalls hacken. Die Kartoffeln in einer großen Schüssel mit Olivenöl, Zitronensaft, Knoblauch, Oregano, Rosmarin, Salz und Pfeffer vermischen. Auf dem Backblech verteilen und ca. 25 Minuten backen, bis die Kartoffeln goldbraun und knusprig sind.

Für das Gyros die Kräuterseitlinge ggf. mit einem Küchenpapier etwas säubern. Anschließend mit einer Gabel am Stiel einritzen. Dann mit den Fingern Lamellen herunterziehen. Die Zwiebeln und den Knoblauch schälen. Zwiebeln in Ringe schneiden, dabei ein paar für die

→

TIPP

Zur Pilzsaison könnt ihr das Gyros auch mit selbstgesammelten Pfifferlingen oder Steinpilzen zubereiten.

Deko beiseitelegen, den Knoblauch pressen. Beides zu den Pilzstreifen geben. Anschließend das Olivenöl in einer Pfanne erhitzen und die Pilze darin scharf anbraten. Kräuter, Chili und Paprikapulver dazugeben. Mit Salz und Pfeffer abschmecken.

Für das Kraut den Weißkohl waschen, vierteln, vom Strunk befreien und in feine Streifen schneiden. Die Zwiebel und den Knoblauch schälen und zusammen mit der Chilischote fein hacken. Das Olivenöl in einer Pfanne erhitzen, darin Zwiebel, Knoblauch und Chili anbraten. Kurkuma und Kohl zugeben, unter Rühren 3 Minuten braten. Kreuzkümmel und Essig hinzufügen, salzen und pfeffern. Bei schwacher Hitze ca. 10 Minuten garen, dabei ab und zu umrühren.

Für das Zaziki die Gurke schälen und grob raspeln. Die Petersilie waschen, trocken tupfen und fein hacken. Die Gurke salzen und warten, bis sich Gurkensaft absetzt. In der Zwischenzeit die Knoblauchzehen schälen und in den Joghurt pressen. Die Gurke in ein sauberes Tuch geben und den Saft abpressen. Die trockene Gurke und die Petersilie in den Joghurt geben und unterrühren. Etwas durchziehen lassen und dann mit Salz und Pfeffer abschmecken.

Das Kraut, die Kartoffeln und das Gyros in zwei Schalen verteilen. Das Zaziki in der Mitte daraufgeben und mit Zwiebelringen, Petersilie und Rosmarin garnieren.

RÖSTBROT

MIT AVOCADOCREME UND KICHERERBSEN-RÜHREI

Für das vegane „Rührei" ohne Tofu werden nur zwei Hauptzutaten benötigt. Auf einem knusprigen Bauernbrot mit cremiger Guacamole ist es der perfekte Snack für ein Frühstück mit Freund*innen.

Zutaten

2 PORTIONEN

frischer Schnittlauch

140 g Kichererbsenmehl

½ TL gemahlene Kurkuma

Kala Namak (alternativ normales Salz)

Pfeffer

1 TL Gemüsebrühe (Pulver)

Olivenöl

2 Scheiben Bauernbrot

1 Avocado

Salz

1 TL Zitronensaft

rote Rettichkresse (nach Belieben)

Zubereitung

SCHNELL & EASY

Den Schnittlauch in kleine Röllchen schneiden (ca. 4 EL). Schnittlauch, Kichererbsenmehl, Kurkuma, Kala Namak, Pfeffer, 210 ml Wasser und Gemüsebrühe mit einem Schneebesen verrühren.

Etwas Öl in einer Pfanne erhitzen. Die Masse in die Pfanne geben und wie normales Rührei zubereiten, d. h. erst kurz stocken lassen, danach den Teig mit einem Pfannenwender hin und her schieben, zerreißen und vermengen, bis kleine rühreiähnliche Stückchen entstehen. Von allen Seiten braten.

Das Bauernbrot im Toaster oder in einer Pfanne knusprig rösten. Die Avocado halbieren, den Stein entfernen, das Fruchtfleisch aus der Schale lösen und mit einer Gabel zerdrücken. Mit Salz, Pfeffer und Zitronensaft vermischen. Die Brotscheiben mit Avocadomus bestreichen, mit dem Kichererbsen-Rührei belegen und nach Belieben mit Kresse bestreut anrichten.

GYOZAS MIT GEMÜSE

UND BAMBUS

Teigtaschen selbst zu machen ist durchaus ein Akt der Liebe – und manchmal der Selbstbeherrschung, wenn es bei den ersten Täschchen nicht gleich wie von Zauberhand und im Expressverfahren klappt. Doch wer ein wenig Geduld und Fingerspitzengefühl mitbringt, wird den Genuss umso mehr zu schätzen wissen!

Zutaten

FÜR 40 STÜCK

- 40 Gyoza-Blätter (TK-Ware im Asienladen; alternativ Wan-Tan-Blätter, die müssen allerdings rund zugeschnitten werden)
- 500 g Spitzkohl
- 100 g Möhre
- 100 g Bambussprossen
- 200 g Zucchini
- 4 Frühlingszwiebeln
- 1 cm Ingwer
- 3 EL Reisessig
- 2 EL Sojasoße
- 2 EL geröstetes Sesamöl
- 1 TL Sambal Oelek
- ¼ TL Zucker
- helles Sesamöl (ungeröstet)
- Salz
- 2 gestrichene EL Mehl

AUSSERDEM

- 3 EL Sojasoße
- 1 EL Agavendicksaft
- Sesam
- Frühlingszwiebel in feinen Ringen (optional)

Zubereitung

SLOW FOOD

Die Gyoza-Blätter auftauen lassen. Währenddessen den Spitzkohl fein hacken. Die Möhre schälen, Möhre und Bambus in sehr feine Würfelchen schneiden. Die Zucchini raspeln. Die Frühlingszwiebeln fein hacken. Den Ingwer schälen und reiben. Reisessig, Sojasoße, geröstetes Sesamöl, Sambal Oelek und Zucker in einem Schälchen verquirlen. Etwas helles Sesamöl in einer großen Pfanne erhitzen und das Gemüse mit dem Ingwer ca. 8 Minuten anbraten. Mit Reisessig-Mischung ablöschen, vermischen und vom Herd nehmen. Mit Salz abschmecken und das Mehl untermischen. Etwas abkühlen lassen.

Ein Gyoza-Blatt nehmen, die restlichen Blätter abdecken, damit sie nicht austrocknen und brüchig werden. Den Teigrand mit Wasser befeuchten, 1 gehäuften TL Füllung in die Mitte geben und das Täschchen vorsichtig in der Mitte über der Füllung zusammenfalten. Zum Verschließen der Teigtasche von rechts oder links anfangen, je nachdem, mit welcher Hand man am geschicktesten ist: Dazu auf der Teigvorderseite vier Falten bilden, dadurch entsteht die charakteristische Gyoza-Form. Die Ränder gut zudrücken!

Etwas helles Sesamöl in einer Pfanne erhitzen und die Gyozas darin bei mittlerer Temperatur abgedeckt 2–3 Minuten anbraten. So viel Wasser zugeben, bis der Pfannenboden gerade bedeckt ist, den Deckel auflegen und die Teigtaschen ca. 5 Minuten dämpfen, bis sie durchgegart sind. Zum Servieren Sojasoße und Agavendicksaft verquirlen. Die Gyozas auf eine Platte geben, mit Sesam und Frühlingszwiebeln bestreuen und die Soße dazu reichen.

TIPP

Frisch gefüllte Gyozas können sehr gut eingefroren werden. Dazu nebeneinander auf ein mit Speisestärke bestäubtes Brett setzen. Wenn sie gefroren sind, können sie in eine Gefrierdose gefüllt werden. Zum Garen werden sie unaufgetaut angebraten und 6–7 Minuten gedämpft.

CREMIGE PASTA

MIT NUSSIGEM GRÜNKOHLPESTO

Grünkohl ist nicht nur wahnsinnig gesund, sondern schmeckt auch noch richtig gut. Er zählt zu den Superfoods und gilt als eine der gesündesten Gemüsesorten. Gemixt mit Walnüssen entsteht eine nussig-cremige Pastasoße.

Zutaten

4 PORTIONEN

75 g Walnusskerne
500 g Fusilli
350 g Grünkohl
1 rote Zwiebel
2 Knoblauchzehen
1 Bio-Zitrone
2 EL Olivenöl
120 ml Gemüsebrühe
200 ml Hafercreme Cuisine
Salz & Pfeffer

Zubereitung

SCHNELL & EASY

Die Walnüsse in einer heißen Pfanne goldbraun anrösten. Aus der Pfanne nehmen, die Häutchen abreiben und die Nüsse abkühlen lassen. Etwa ein Drittel der Nüsse zum Garnieren grob hacken, den Rest fein mahlen.

Die Nudeln in Salzwasser al dente kochen. Beim Abgießen etwas Kochwasser auffangen.

Den Grünkohl waschen, putzen und grob hacken. Die Zwiebel und den Knoblauch schälen und klein hacken. Die Zitrone heiß abwaschen und etwas Zitronenschale abreiben. Den Saft von einer halben Zitrone auspressen.

Zwiebel und Knoblauch in einer heißen Pfanne im Öl anschwitzen. Den Grünkohl dazugeben, mit anschwitzen und mit der Brühe und der Hafercreme Cuisine ablöschen. Etwa 10 Minuten köcheln lassen, dann fein pürieren. Die gemahlenen Nüsse untermischen und mit Zitronensaft, Salz und Pfeffer abschmecken. Nach Bedarf ein wenig Nudelkochwasser ergänzen.

Die abgetropften Nudeln untermischen, mit den gerösteten Walnüssen und etwas Zitronenschale bestreut servieren.

TIPP

Die Walnüsse könnt ihr auch durch andere Nüsse ersetzen.

SCHWARZE-BOHNEN-BURGER

MIT CURRY-SENF-SOSSE

It's burger time! Die deftigen Schwarze-Bohnen-Burger werden neben der Curry-Senf-Soße noch mit Rotkohlsalat, Zwiebeln und Feldsalat belegt. Diese leckeren Winter-Burger sind perfekt, um sie zusammen mit Freund*innen zu essen!

Zutaten

3 PORTIONEN

FÜR DEN ROTKOHLSALAT

180 g Rotkohl
Salz
1 EL Weißweinessig

FÜR DIE SOSSE

½ Knoblauchzehe
110 g vegane Crème fraîche
2–3 EL mittelscharfer Senf
1 ½ EL Ahornsirup
1 TL Olivenöl
½ TL Weißweinessig
½ TL Currypulver
Salz & Pfeffer

FÜR DIE BURGER

1 EL gemahlene Leinsamen
1 Knoblauchzehe
1 Schalotte | Olivenöl
1 Dose schwarze Bohnen (240 g Abtropfgewicht)
1 EL Tomatenmark
½ TL geräuchertes Paprikapulver
¼ TL Cayennepfeffer
45 g Haferflocken
Salz & Pfeffer
1 Handvoll Feldsalat
1 rote Zwiebel
3 (Vollkorn-)Burgerbrötchen

Zubereitung

ALL-TIME-YUMMY

Für den Rotkohlsalat den Kohl waschen und in dünne Streifen schneiden, in einer Schüssel mit dem Salz vermischen und kräftig mit den Händen kneten. Den Essig mit dem Rotkohl vermischen und etwa 30 Minuten ziehen lassen.

Für die Soße die Knoblauchzehe schälen und pressen. Alle Zutaten für die Soße vermengen und kühl stellen.

Für die Bratlinge die gemahlenen Leinsamen mit 30 ml Wasser vermischen und etwa 10 Minuten quellen lassen. Den Knoblauch und die Schalotte schälen, fein hacken und in etwas Olivenöl glasig anschwitzen. Die schwarzen Bohnen abgießen und in einer Schüssel mit einem Kartoffelstampfer oder einer Gabel zerdrücken. Knoblauch, Schalotte, Tomatenmark, Paprikapulver, Cayennepfeffer, gequollene Leinsamen und Haferflocken zu den Bohnen geben und mit den Händen gut verkneten. Mit Salz und Pfeffer abschmecken, dann aus der Masse mit feuchten Händen 3 Bratlinge formen und diese von beiden Seiten etwa 5 Minuten in Olivenöl braten, bis sie außen schön knusprig sind.

Den Feldsalat putzen und waschen. Die Zwiebel schälen und in feine Ringe schneiden. Die Burgerbrötchen toasten und mit den Bratlingen, der Soße, dem Rotkohl, Zwiebelringen und Feldsalat nach Lust und Laune belegen.

TACOS MIT PILZ-SCHAWARMA

UND JOGHURTSOSSE

Inspiriert vom Streetfood aus Israel und Syrien werden hier anstatt Fleisch leckere Austernpilze in eine Marinade aus vielen Gewürzen, Knoblauch und Öl eingelegt, auf einen Spieß gesteckt und im Ofen geröstet. Dazu gibt es Tacos, Rotkohl, Endiviensalat und Joghurtsoße.

Zutaten

4 PORTIONEN

FÜR DAS PILZ-SCHAWARMA

500 g Austernpilze
2 Knoblauchzehen
4 EL Olivenöl
1 EL Zitronensaft
1 EL Ahornsirup
1 TL Sojasoße
1 TL gemahlener Kreuzkümmel
1 TL Paprikapulver
1 Prise Zimt
½ TL Salz
1 Prise Pfeffer

FÜR DEN ROTKOHLSALAT

100 g Rotkohl
1 TL Weißweinessig
Salz

FÜR DIE JOGHURTSOSSE

2 Knoblauchzehen
300 g Soja-Joghurtalternative
1–2 TL Zitronensaft
Salz & Pfeffer

FÜR DIE TORTILLAS

450 g Weizenmehl
1 EL Vollrohrzucker
1 TL Salz
2 EL Kokosöl

FÜR DAS TOPPING

½ Bund Petersilie
Endiviensalat
1 rote Zwiebel
2 EL Sesam

AUSSERDEM

4 Holzspieße

Zubereitung

SLOWFOOD

Die Pilze für das Schawarma grob zerzupfen, den Knoblauch schälen und pressen. Olivenöl mit Knoblauch und allen restlichen Zutaten in einer Schüssel mischen, die Pilze dazugeben, alles gut vermischen und zugedeckt ca. 30 Minuten marinieren.

Die äußeren Blätter des Rotkohls entfernen, den Kohl vierteln und den Strunk herausschneiden. Den Kohl in möglichst feine Streifen schneiden oder hobeln. In eine Schüssel geben, Weißweinessig und Salz dazugeben, alles noch mal kräftig mit den Händen vermengen. Durchziehen lassen.

Für die Joghurtsoße den Knoblauch pressen oder fein hacken. Den Joghurt mit Knoblauch, Zitronensaft, Salz und Pfeffer würzen.

⟶

Den Ofen auf 220 °C (Ober-/Unterhitze) vorheizen. Die Holzspieße in Wasser einweichen. Die Pilze dicht auf die Holzspießchen stecken, auf ein mit Backpapier belegtes Blech legen und ca. 20 Minuten im heißen Ofen rösten. Nach 10 Minuten einmal wenden.

Für die Tortillas Mehl, Zucker und Salz in einer Rührschüssel mischen. 300 ml kochend heißes Wasser zugeben und mithilfe eines Handrührgeräts zu einem glatten Teig verkneten. Kurz abkühlen lassen. Den Teig in acht Portionen teilen und zu Kugeln formen. Die Arbeitsfläche bemehlen und jede Teigkugel hauchdünn und rund ausrollen.

Eine Pfanne erhitzen. Die Tortillas nacheinander in die heiße Pfanne legen und pro Seite ca. 1 Minute backen, bis der Teig Blasen wirft.

Die Petersilie waschen, trocken tupfen und fein hacken. Den Endiviensalat waschen und in Streifen schneiden. Die Zwiebel schälen und in feine Ringe schneiden. Die Spieße aus dem Ofen nehmen und die Pilze herunterschieben.

Jeweils einen Taco mit Joghurtsoße bestreichen. Rotkohl, Endiviensalat, Pilz-Schawarma und Zwiebeln darauf verteilen. Sesam und Petersilie darüberstreuen und genießen.

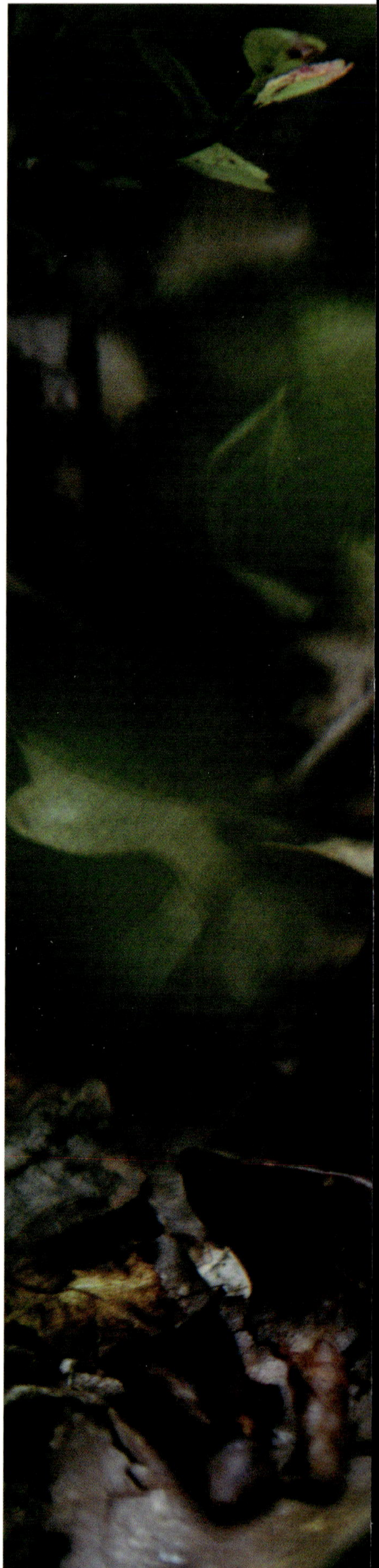

FRIED RICE

MIT SPITZKOHL UND SESAM

Gebratener Reis ist ein perfektes Gericht, um Reste zu verwerten: den übrig gebliebenen Reis vom Vortag und das Gemüse, das ihr noch so im Kühlschrank habt. Dieses Rezept ist eine leckere Wintervariante mit Möhren, Kräuterseitlingen und Spitzkohl.

Zutaten

2 PORTIONEN

200 g Basmatireis
1 Möhre
1 rote Zwiebel
1 Knoblauchzehe
15 g Ingwer
2 Frühlingszwiebeln
150 g Kräuterseitlinge
1 kleiner Spitzkohl (ca. 200 g)
1 Limette
2 EL Olivenöl
schwarzer und heller Sesam
50 g TK-Erbsen
2–3 EL Sojasoße
Salz
1–2 TL Chiliflocken

Zubereitung

SCHNELL & EASY

Den Reis nach Packungsanweisung kochen und abkühlen lassen.

Die Möhre schälen und in feine Streifen schneiden oder raspeln. Die Zwiebel schälen und in kleine Würfel schneiden. Ingwer und Knoblauch schälen und fein hacken. Die Frühlingszwiebeln waschen und schräg in feine Ringe und die Kräuterseitlinge in mundgerechte Stücke schneiden. Den Spitzkohl waschen, halbieren und den Strunk rausschneiden, die Blätter in feine Streifen schneiden. Die Limette halbieren und auspressen.

Das Öl in einer großen Pfanne auf mittlerer Hitze erwärmen und Zwiebeln, Knoblauch und Ingwer ca. 2 Minuten anschwitzen. 2 EL Sesam dazugeben und mitrösten. Danach Möhre, Kräuterseitlinge und Spitzkohl dazugeben und ca. 8 Minuten anbraten. Danach tiefgekühlte Erbsen, zwei Drittel der Frühlingszwiebeln und den Reis dazugeben und ca. 5 Minuten weiter anbraten.

Mit Sojasoße würzen und mit Salz, Chiliflocken und Limettensaft abschmecken. In Schalen anrichten, mit Sesam und Frühlingszwiebeln garnieren.

YUFKA-TASCHEN

MIT LINSEN-PREISELBEER-FÜLLUNG

In der Winterzeit häufen sich die Anlässe, etwas Leckeres zu kleinen Festen mitzubringen. Diese knusprigen Linsentaschen eignen sich ganz prima dafür, denn sie sind nicht nur lecker, sondern auch schön handlich. Perfekt fürs Weihnachtsfeier-Buffet!

Zutaten

FÜR 24 STÜCK

FÜR DIE YUFKA-TASCHEN

200 g Belugalinsen
Salz
2 Zwiebeln
1 Möhre
4 Knoblauchzehen
1 Stange Staudensellerie
Olivenöl
1 EL Tomatenmark
je ½ TL gemahlene Nelken, Kardamom und Piment
1 EL Sojasoße
100 g Wild-Preiselbeeren (Glas)
2 EL gehackte glatte Petersilie
1 gestrichener EL Speisestärke
Pfeffer
12 Yufkateig-Blätter (45 x 36 cm), ca. 300 g

FÜR DEN DIP

1 kleine Bio-Zitrone
2 Frühlingszwiebeln
300 g veganer Feta
ca. 200 g veganer Joghurt
3 TL Agavendicksaft oder Reissirup
¼–½ TL Harissapaste

Zubereitung

ALL-TIME-YUMMY

Die Linsen mit Salzwasser in einen Topf geben und zum Kochen bringen. Abgedeckt in ca. 20–25 Minuten bissfest garen. Abgießen und abkühlen lassen. Währenddessen Zwiebeln, Möhre und Knoblauch schälen. Zwiebeln und Knoblauch hacken, Möhre und Selleriestange fein würfeln. 1–2 EL Öl in einer Pfanne erhitzen und Zwiebeln, Möhre und Sellerie darin 5 Minuten anbraten. Knoblauch und Tomatenmark zugeben und kurz mitrösten. Gewürze, Sojasoße und Preiselbeeren unterrühren, dann Linsen, 1½ EL Petersilie (den Rest für die Deko beiseitelegen) und die Speisestärke untermischen. Mit Salz und Pfeffer abschmecken und vom Herd nehmen.

Den Backofen auf 200 °C (Ober-/Unterhitze) vorheizen und zwei Bleche mit Backpapier belegen. Ein Yufka-Blatt auf der Arbeitsfläche ausbreiten, mit Öl bepinseln und ein zweites darauflegen. Quer in vier Streifen (à 36 cm Länge) schneiden. Pro Streifen ca. 1 EL Füllung auf das untere Ende des Streifens legen. Dann eine Ecke hochklappen, sodass ein Dreieck über der Füllung gebildet wird. Dieses nun immer weiter über Eck nach oben klappen, bis zum Ende des Teigstreifens. Auf ein Blech legen und mit Öl bepinseln. Mit dem restlichen Teig und der Füllung wiederholen, bis die Zutaten aufgebraucht sind. Die Täschchen in 15–20 Minuten goldbraun backen.

Für den Dip die Zitrone heiß waschen, abtrocknen und die Schale fein abreiben, etwas Saft auspressen. Die Frühlingszwiebeln in Ringe schneiden und 1 EL beiseitelegen, den Rest mit Feta, Joghurt, Zitronenabrieb und 1 ½ EL Zitronensaft, Agavendicksaft und Harissa in einen Mixbecher geben und mit einem Stabmixer fein pürieren. Mit Pfeffer und Joghurt abschmecken. Mit Frühlingszwiebeln und der restlichen Petersilie bestreuen und zu den Täschchen servieren.

KÜRBIS-GNOCCHI

MIT BABY-MANGOLD UND KARAMELLISIERTEN THYMIAN-HASELNÜSSEN

Um Kürbisgnocchi selber zu machen, braucht es etwas Zeit – aber der Aufwand lohnt sich. Ihr könnt euch auf ein perfektes Wohlfühlgericht für das Essen mit Freund*innen oder der Familie freuen.

Zutaten

4 PORTIONEN

FÜR DIE HASELNÜSSE

1 Zweig Thymian

100 g Haselnusskerne

½ EL Ahornsirup

1 Prise Salz

½ EL Rapsöl

FÜR DIE GNOCCHI

1 kleiner Hokkaido-Kürbis (entkernt ca. 600 g)

400 g mehligkochende Kartoffeln

260 g Weizenmehl (+ 50 g bei Bedarf)

Salz

1 Prise geriebene Muskatnuss

AUSSERDEM

1–2 EL Olivenöl

3–4 Handvoll Baby-Mangold

4 TL Cashew-Parmesan (siehe S. 10)

Zubereitung

SLOWFOOD

Für die Nüsse den Ofen auf 175 °C (Ober-/Unterhitze) vorheizen. Den Thymian waschen, trocken schütteln und die Blättchen abzupfen. Mit den übrigen Zutaten vermischen und auf einem mit Backpapier ausgelegten Backblech verteilen. Im heißen Ofen 10–12 Minuten backen. Dabei immer mal wieder durchmischen.

Die Temperatur im Backofen auf 200 °C (Ober-/Unterhitze) erhöhen. Den Kürbis halbieren, waschen, entkernen und in Spalten schneiden. Nebeneinander auf ein mit Backpapier ausgelegtes Backblech legen. Etwas Salz darüberstreuen und im heißen Ofen auf der zweiten Schiene von oben ca. 20–25 Minuten garen, bis der Kürbis weich ist. Aus dem Ofen nehmen und abkühlen lassen. Anschließend den Kürbis mit einem Löffel aus der Schale kratzen und in eine große Schüssel geben. Mit einer Gabel oder einem Kartoffelstampfer stampfen. Dann zum Abkühlen beiseitestellen.

Die Kartoffeln mit der Schale in einem Topf mit Salzwasser etwa 20–30 Minuten weich garen. Anschließend abgießen, pellen und mit einem Kartoffelstampfer oder mit einer Gabel stampfen (oder durch eine Kartoffelpresse drücken).

Das Kürbispüree, die gestampften Kartoffeln, 260 g Mehl, 1 TL Salz und Muskatnuss in eine große Schüssel geben. Alles zunächst mit einem Holzlöffel verrühren, dann vorsichtig mit den Händen zu einem homogenen Teig kneten – nicht zu lange kneten, da der Teig sonst zäh wird. Bei Bedarf kann noch etwas mehr Mehl hinzugefügt werden, aber nur so viel wie nötig.

→

TIPP

Statt Haselnüsse können auch andere Nüsse verwendet.

Den Gnocchiteig nun zu einem Laib formen und dann in vier bis fünf Stücke schneiden. Jedes Stück zu einer langen Rolle rollen, anschließend mit einem scharfen Messer in etwa 1,5 cm große Stücke schneiden und diese mit etwas Mehl bestäuben. Ein bemehltes Gnocchistück mit einer Gabel eindrücken oder die Teigstücke mit dem Daumen über die Zinken einer Gabel rollen, sodass ein Rillenmuster entsteht.

Einen großen Topf mit Salzwasser zum Kochen bringen. Vorsichtig ein paar Gnocchi hineingeben und so lange kochen, bis die Gnocchi an der Oberfläche schwimmen (ca. 4 Minuten). Dann mit einer Schaumkelle herausnehmen und abtropfen lassen.

Den Baby-Mangold waschen. Etwas Öl in einer großen, beschichteten Pfanne bei mittlerer Hitze erhitzen. Die Gnocchi dazugeben und von allen Seiten goldbraun und knusprig anbraten. Zum Schluss den Baby-Mangold hinzufügen und für 1 weitere Minute dünsten, bis er zusammengefallen ist.

Die knusprigen Gnocchi mit Cashew-Parmesan und gerösteten Haselnüssen servieren.

04
SO BUNT WIE DER HERBST

WARMER WINTER-SALAT

MIT QUINOA

Salat kann man auch im Herbst und Winter genießen, am liebsten warm! Der warme Wintersalat mit geröstetem Gemüse eignet sich wunderbar für eine leichte Mahlzeit als Alternative zum deftigen Comfort Food.

Zutaten

4 PORTIONEN

100 g bunte Quinoa
Salz
4 bunte Möhren
150 g Rote Bete
Olivenöl
1 TL getrockneter Rosmarin
½ TL gemahlener Kreuzkümmel
Salz & Pfeffer
1 Orange
1 Apfel
1 rote Zwiebel
50 g Feldsalat
50 g Radicchio

FÜR DAS DRESSING

1 Orange
6 EL Olivenöl
1 EL Weißweinessig
1 TL Senf
Salz & Pfeffer

Zubereitung

ALL-TIME-YUMMY

Quinoa unter Wasser gründlich abspülen, dann mit 200 ml frischem Wasser in einen Topf geben. Leicht salzen und alles einmal aufkochen lassen, mit Deckel ca. 15 Minuten bei mittlerer Hitze köcheln und danach abkühlen lassen.

Den Backofen auf 200 °C (Ober-/Unterhitze) vorheizen. Während die Quinoa kocht, die Möhren und die Rote Bete schälen und in mundgerechte kleine Stücke schneiden. Die Möhren auf eine Hälfte eines Backblechs und die Rote Bete auf die andere Hälfte geben. Alles mit Olivenöl beträufeln und mit Rosmarin, Kreuzkümmel, Salz und Pfeffer würzen. Das Gemüse ca. 20 Minuten im Backofen rösten.

Währenddessen die Orange schälen, dazu den oberen sowie unteren Teil der Orange mit einem scharfen Messer abschneiden. Anschließend die Schale der Orange ringsum mit einem scharfen Messer abschneiden, sodass die weiße Haut der Orange entfernt wird. Danach das Fruchtfleisch in Scheiben schneiden. Den Apfel waschen, vom Kerngehäuse befreien und klein schneiden, die rote Zwiebel schälen und fein würfeln, den Feldsalat putzen und waschen. Den Radicchio waschen und nach Belieben den Strunk entfernen, der besonders bitter schmeckt. In grobe Streifen schneiden.

Für das Dressing eine Orange auspressen. Den Saft mit Olivenöl, Weißweinessig, Senf sowie Salz und Pfeffer vermengen. Zum Servieren Quinoa, Ofengemüse und alle frischen Zutaten in einer großen Schüssel mit dem Dressing vermengen.

TIPP

Wer dem Radicchio etwas von dem bitteren Beigeschmack nehmen möchte, kann den Strunk entfernen, denn in diesem verstecken sich die meisten Bitterstoffe. Außerdem hilft ein Bad in lauwarmem Wasser.

KÜRBIS-ROTE-BETE-
FLAMMKUCHEN MIT FETA

Die Farben des Herbstes dienen als Inspiration für diesen bunten Flammkuchen mit Kürbis und Rote Bete. Ein echter Hingucker und ein sehr leckeres Gericht für kalte, graue Tage.

Zutaten
FÜR 2 FLAMMKUCHEN

FÜR DEN TEIG

200 g Dinkelvollkornmehl
1 TL Salz
2 EL Olivenöl

FÜR DEN BELAG

½ kleiner Hokkaido-Kürbis
1–2 Rote Bete
1 rote Zwiebel
140 g vegane Crème fraîche
Salz & Pfeffer
100 g veganer Feta
2 TL Ahornsirup
4 Zweige Thymian

Zubereitung
ALL-TIME-YUMMY

Für den Teig Mehl und Salz in eine große Schüssel geben, etwas Öl hinzufügen und nach und nach mit 100 ml Wasser mischen. Anschließend kneten, bis ein glatter Teig entsteht. Abgedeckt 20–30 Minuten stehen lassen.

Inzwischen den Belag vorbereiten. Dafür den Hokkaido waschen und die Kerne entfernen, vierteln und in feine Scheiben schneiden. Die Rote Bete ebenfalls in feine Scheiben und die Zwiebel in feine Ringe schneiden.

Den Backofen auf 220°C (Ober-/Unterhitze) vorheizen. Den Teig auf Backpapier oder einer leicht bemehlten Arbeitsfläche zu zwei ovalen, dünnen Böden ausrollen. Mit Crème fraîche bestreichen, mit Salz und Pfeffer würzen. Zuerst den Kürbis, dann die Rote Bete darauf verteilen. Den Feta klein bröseln und zwei Drittel davon über die Flammkuchen streuen. Die Zwiebelringe darauf verteilen und mit Ahornsirup beträufeln. Die Flammkuchen etwa 15–20 Minuten goldbraun backen.

Mit Thymianblättchen und dem restlichen Feta garnieren.

TIPP

Statt gekauftem Feta kann hier auch der selbst gemachte Tofu-Feta (siehe S. 10) verwendet werden.

KITCHARI

AYURVEDISCHER REISTOPF MIT MUNGBOHNEN

Dieses Gericht gilt in der ayurvedischen Küche als Detox-Helferlein und wird traditionell zum Frühstück und Mittagessen serviert – im Grunde ein herzhaftes Porridge, das leicht zu verdauen ist und dem Körper hilft, zu entgiften und zur Ruhe zu kommen.

Zutaten

4 PORTIONEN

200 g Jasmin- oder Basmatireis
100 g Mung Dhal (geschälte, halbierte Mungbohnen, aus dem Asienladen)
250 g Möhren
150 g Pastinaken
1 Stück Knollensellerie (ca. 50 g)
1 EL Kokosöl
2 TL Koriandersamen
1 TL schwarze Senfsamen
1 TL Kreuzkümmelsamen
1 TL Bockshornkleesamen
1 TL Fenchelsamen
½ Zimtstange
1 ½ TL geriebener Ingwer
1 TL gemahlene Kurkuma
1 l Gemüsebrühe
1 Handvoll Kokoschips
1 Handvoll Baby-Spinat
einige Stiele Koriander
125 ml Kokosmilch
Salz
frisch gemahlener Pfeffer
½–1 Limette

Zubereitung

ALL-TIME-YUMMY

Reis und Mung Dhal in ein Sieb geben und abspülen. Gemeinsam in eine Schüssel geben, mit Wasser bedecken und 1 Stunde einweichen. Abgießen, abspülen und abtropfen lassen.

Möhren, Pastinaken und Sellerie schälen und fein würfeln. Das Kokosöl in einem Topf zerlassen und alle Gewürzsamen und die Zimtstange 1 Minute anrösten. Ingwer und Kurkuma unterrühren. Dann Gemüsewürfel, Reis, Mung Dhal und Gemüsebrühe zugeben, vermischen und zum Kochen bringen. Abgedeckt bei niedriger Temperatur 30 Minuten köcheln lassen.

Die Kokoschips in einer Pfanne ohne Öl goldgelb rösten.

Spinat und Koriander waschen und trocken schütteln. Den Spinat zum Kitchari geben und 1 Minute mitgaren. Die Kokosmilch unterrühren und alles mit Salz und Pfeffer abschmecken. Die Zimtstange entfernen, die Limette heiß abwaschen und in Spalten schneiden. Das Kitchari in Schalen oder tiefe Teller geben und mit Kokoschips, Limette und Koriander garniert servieren.

SÜSS-KARTOFFEL-ROSEN

MIT ERBSEN-GUACAMOLE

Das Auge isst ja bekanntlich mit und dieses Gericht hat diesbezüglich ordentlich was zu bieten! Ganz wichtig für das Gelingen ist es, die Süßkartoffelscheiben schön dünn zu hobeln, damit sie beim Zusammenrollen biegsam bleiben.

Zutaten

4 PORTIONEN

FÜR DIE ROSEN

- ca. 600 g Süßkartoffeln (ca. 7 cm Ø)
- 250 ml Hafercreme Cuisine
- 2 TL Speisestärke
- je ¼ TL geräuchertes Paprikapulver und gemahlener Kreuzkümmel
- 1 Prise Cayennepfeffer
- Salz & Pfeffer
- 50 g veganer Reibekäse

FÜR DIE GUACAMOLE

- 400 g TK-Erbsen
- 1 Schalotte
- 1 Knoblauchzehe
- 5 Radieschen
- 15 g frischer Koriander
- ½–1 rote Chilischote
- 3 EL Olivenöl
- 2 EL Limettensaft
- Salz & Pfeffer

AUSSERDEM

- Öl für die Muffinform
- Limettenspalten

Zubereitung

ALL-TIME-YUMMY

Die Mulden einer Muffinform mit Öl einstreichen. Den Backofen auf 220 °C (Ober-/Unterhitze) vorheizen. Die Süßkartoffeln waschen und ggf. schälen. In sehr dünne Scheiben (ca. 2 mm) hobeln. Die Scheiben überlappend aufeinanderlegen und mittig durchschneiden. Zu Rosen aufrollen und in das Muffinblech setzen. Eventuell die Mitte mit kleinen Restscheibchen füllen.

Die Hafercreme Cuisine mit Speisestärke, Paprikapulver, Kreuzkümmel, Cayennepfeffer, Salz und Pfeffer vermischen und auf den Rosen verteilen. Den Reibekäse darüberstreuen und die Rosen 20–25 Minuten im heißen Ofen backen.

Für die Guacamole die Erbsen in kochendem Salzwasser 2 Minuten blanchieren, in einem Sieb abgießen und kalt abschrecken. In einem Mixbecher mit dem Stabmixer pürieren. Es darf noch ein wenig stückig sein. Die Schalotte und den Knoblauch fein hacken. Die Radieschen fein würfeln und 1 EL beiseitelegen. Ein paar Korianderblättchen ebenfalls beiseitelegen, den restlichen Koriander mitsamt Stielen hacken. Die Chilischote entkernen, fein hacken und die Hälfte zum Garnieren beiseitelegen. Schalotte, Knoblauch, Radieschen, Koriander, Chili und Olivenöl zu den Erbsen geben, unterheben und die Guacamole mit Limettensaft, Salz und Pfeffer abschmecken.

Die Süßkartoffelrosen aus dem Ofen nehmen. Rundum mit einem kleinen Messer behutsam vom Rand lösen. Die Guacamole auf Teller verteilen, die Süßkartoffelrosen daraufsetzen und mit Radieschen, Koriander und Chili bestreut servieren. Limettenspalten dazu reichen.

GEBRATENE PFIFFER-LINGE

AUF VOLLKORN-NAAN MIT ROTE-BETE-HUMMUS

Ein schnelles Gericht für die Pfifferling-Saison. Auf einem selbst gebackenen Naan mit einem farbenfrohen, cremigen Hummus ist es der perfekte Snack für abends oder zwischendurch.

Zutaten

3 PORTIONEN

FÜR DEN HUMMUS

1 Dose Kichererbsen (240 g Abtropfgewicht)
1 Knoblauchzehe
50 g frische Rote Bete
2 EL frisch gepresster Zitronensaft
2 EL natives Olivenöl
1 TL Tahin
1 Prise gemahlener Kreuzkümmel
Salz & Pfeffer

FÜR DAS NAAN

125 g Dinkelvollkornmehl
1 TL Backpulver
½ TL Salz
50 g Soja-Joghurtalternative

AUSSERDEM

300 g Pfifferlinge
1 Schalotte
1–2 EL Olivenöl
Salz
fsrisch gemahlener Pfeffer
3 Zweige Thymian
3 TL Sesam

Zubereitung

ALL-TIME-YUMMY

Die Kichererbsen gut abtropfen lassen. Den Knoblauch und die Rote Bete schälen und in grobe Stücke schneiden. Kichererbsen, Rote Bete, Knoblauch, Zitronensaft, Olivenöl, Tahin und etwa 2 TL Wasser in einem Mixer oder mit einem Stabmixer zu einer homogenen Paste verarbeiten. Je nach Konsistenz eventuell etwas mehr Wasser und Öl hinzufügen. Mit Kreuzkümmel, Salz und Pfeffer abschmecken.

Für das Naan die trockenen Zutaten in eine Schüssel geben und vermischen, anschließend den Joghurt und 50 ml lauwarmes Wasser dazugeben und alles mit den Händen zu einem geschmeidigen Teig verkneten. Den Teig in drei Teile teilen. Eine saubere Arbeitsfläche mit Mehl bestäuben und darauf die Teigstücke vorsichtig mit bemehlten Händen flach drücken. Eine beschichtete Pfanne auf dem Herd stark erhitzen und die Teigfladen ohne Zugabe von Fett von beiden Seiten goldbraun backen (etwa 1–2 Minuten pro Seite).

Die Pfifferlinge säubern, die Schalotte schälen und fein würfeln. Die Pfifferlinge in einer sehr heißen Pfanne unter Schwenken in heißem Öl anbraten. Die Schalottenwürfel zugeben. Mit Salz und frisch gemahlenem Pfeffer würzen und unter ständigem Hin- und Herschwenken ca. 3 Minuten weiterbraten.

Den Thymian waschen, trocken schütteln und die Blättchen abzupfen. Die Fladenbrote mit Hummus bestreichen, die Pfifferlinge darauf verteilen, Sesam darüberstreuen und mit Thymian garnieren.

HERBST-ROLLEN

MIT CREMIGEM ERDNUSSDIP

Wer sagt, dass es Sommerrollen nur im Sommer geben kann? Hier werden die leckeren vietnamesischen Rollen mit Herbstgemüse und Obst zubereitet. Mit Möhre, Rotkohl, Apfel, Avocado, Feldsalat und frischen Kräutern sehen auch die Herbstrollen schön bunt aus und bringen Farbe in die graue Jahreszeit.

Zutaten

FÜR CA. 12 ROLLEN

150 g Tofu
2 EL Sesamöl
1 EL Sojasoße
100 g Rotkohl
1 Möhre
1 Apfel
1 Avocado
150 g Feldsalat
5 Stiele Minze
5 Stiele Koriander
12 Blätter Reispapier (22 cm Ø)
2 EL Sesam

FÜR DEN DIP

4 El ungesüßtes Erdnussmus
2 TL Sojasoße
1 gepresste Knoblauchzehe
etwas Limettensaft

Zubereitung

ALL-TIME-YUMMY

Den Tofu in fingerdicke Streifen schneiden und in einer heißen Pfanne mit Öl von allen Seiten kross braten. Mit Sojasoße ablöschen.

Den Rotkohl putzen, waschen und fein schneiden. Die Möhre waschen, schälen und in dünne Stifte schneiden. Den Apfel waschen, vom Kerngehäuse befreien und ebenfalls in dünne Stifte schneiden. Die Avocado schälen, entkernen und in Scheiben schneiden. Den Feldsalat waschen und putzen. Die Minze und den Koriander waschen, trocken tupfen und von den Stielen abzupfen.

Etwas Wasser in eine flache Schüssel füllen. Je ein Reispapierblatt darin nach Packungsanweisung kurz einweichen, sodass es von beiden Seiten nass wird. Danach auf einen großen Teller legen und mit einem feuchten Küchentuch abtupfen. Die Zutaten in die Mitte des Reispapiers legen, die seitlichen Ränder jeweils etwas über der Füllung einschlagen, dann von unten nach oben vorsichtig, aber fest aufrollen.

Alle Zutaten für den Dip mit einem Schneebesen glatt rühren, nach Bedarf 3–4 EL warmes Wasser unterrühren. Die Herbstrollen halbieren und mit dem Dip in einer Schale anrichten. Nach Belieben Sesam darüberstreuen.

KÜRBIS-FALAFELN

AUF APFEL-ROTKOHL-SALAT

Vegan, herbstlich, lecker: Gebackener Kürbis, Kichererbsen und orientalische Gewürze werden im Ofen zu leuchtend gelben Falafeln gebacken. Die köstlichen Bällchen werden dann mit Tahin-Joghurt und Rotkohlsalat serviert.

Zutaten

FÜR CA. 24 FALAFEL

FÜR DEN SALAT

1 kleiner Rotkohl
je 1 Apfel, Granatapfel & Orange
2 EL Olivenöl
4 EL Apfelessig
2 TL Ahornsirup
1 Prise Zimt | Salz & Pfeffer

FÜR DIE FALAFELN

500 g Hokkaido-Kürbis
Olivenöl
1 Dose Kichererbsen (240 g Abtropfgewicht)
2 Schalotten | 2 Knoblauchzehen
1 Bund Petersilie
120 g Kichererbsenmehl
1–2 TL Salz
1 TL gemahlener Kreuzkümmel
1 TL Paprikapulver | Sesam

FÜR DIE SOSSE

1 EL frisch gepresster Zitronensaft
1 Knoblauchzehe
250 g Soja-Joghurtalternative
2 EL Tahin
Salz & Pfeffer

AUSSERDEM

Petersilie
1–2 TL Chiliflocken

Zubereitung

ALL-TIME-YUMMY

Für den Salat den Rotkohl waschen, vierteln und den Strunk herausschneiden, den Kohl in feine Streifen hobeln. Den Apfel waschen, entkernen und in feine Streifen schneiden. Die Kerne aus dem Granatapfel lösen, die Orange auspressen. Alles zusammen in eine Schüssel geben, die restlichen Zutaten für den Salat dazugeben und alles gut verkneten. Vor dem Servieren 30 Minuten ziehen lassen.

Den Ofen auf 220 °C (Ober-/Unterhitze) vorheizen. Für die Falafeln den Kürbis waschen, die Kerne entfernen, das Fruchtfleisch in 3 cm große Stücke schneiden und mit 2 EL Olivenöl vermengen. Auf einem mit Backpapier ausgelegten Backblech verteilen und im heißen Ofen ca. 20 Minuten backen. Danach komplett auskühlen lassen.Währenddessen die Kichererbsen abgießen. Die Schalotten und den Knoblauch schälen und in Stücke schneiden. Die Petersilie waschen. Alle Falafel-Zutaten (bis auf den Sesam) gemeinsam pürieren, bis die Masse eine pastenartige Konsistenz erreicht.

Den Ofen auf 200 °C (Ober-/Unterhitze) vorheizen. Aus dem Teig 24 Bällchen formen und ein wenig platt drücken. Die Falafeln mit Olivenöl bepinseln und rundum mit Sesam bestreuen. Die Bällchen auf ein mit Backpapier ausgelegtes Backblech legen und im heißen Ofen 20–30 Minuten backen. Nach 10 Minuten einmal wenden.

Den Knoblauch schälen, durch eine Knoblauchpresse drücken und mit Sojajoghurt, Tahin, Zitronensaft und etwas Salz und Pfeffer verrühren. Die Soße auf Teller streichen. Den Apfel-Rotkohl-Salat darauf verteilen und die Falafeln dazu anrichten. Mit Petersilie und Chiliflocken garnieren.

BUCH-WEIZEN-SALAT

MIT BLUTORANGEN

Für diesen herrlichen Wintersalat kann sowohl einfacher Buchweizen als auch die geröstete Variante verwendet werden – Letzterer schmeckt noch deutlich nussiger. Einen sehr schönen Kontrast, sowohl optisch als auch geschmacklich, bilden hier Blutorangen. Außerhalb der kurzen Saison können natürlich auch normale Orangen verwendet werden.

Zutaten

4 PORTIONEN

FÜR DEN SALAT

150 g Buchweizen
Salz
200 g Rotkohl
4 Blutorangen
1 große Möhre
1 Fenchel
1 kleines Bund Petersilie (ca. 20 g)
1 Frühlingszwiebel
3 EL Mandelblättchen

FÜR DAS DRESSING

1 Blutorange
5 EL Olivenöl
2 EL Reisessig
2 EL Zitronensaft
1 ½ EL Ahornsirup
2 gehäufte TL geriebener Ingwer
1 Knoblauchzehe, gepresst
Salz
frisch gemahlener Pfeffer

Zubereitung

ALL-TIME-YUMMY

Für das Dressing den Saft der Blutorange auspressen. Den Knoblauch schälen und durch eine Knoblauchpresse drücken. Saft und Knoblauch mit den restlichen Zutaten verquirlen, mit Salz und Pfeffer abschmecken und bis zur Verwendung kalt stellen.

Den Buchweizen mit 300 ml kochendem Salzwasser übergießen und abgedeckt 15 Minuten bei niedriger Temperatur kochen. Vom Herd nehmen und 10 Minuten quellen lassen. In eine Schüssel füllen und abkühlen lassen.

Den Rotkohl hobeln und mit etwas Salz durchkneten, kalt stellen. Die Blutorangen rundum von Schale und weißen Häutchen befreien. Längs halbieren und quer in Halbmonde schneiden. Eine Orange beiseitelegen, den Rest zum Buchweizen geben. Die Möhre schälen und grob raspeln. Den Fenchel vierteln und in feine Scheiben schneiden. Ein paar Petersilienblättchen zum Garnieren beiseitelegen, den Rest hacken und die Frühlingszwiebel in feine Ringe schneiden. Möhre, Fenchel, Petersilie und Frühlingszwiebel zusammen mit dem Dressing zum Buchweizen geben und alles vermengen. Mit Salz und Pfeffer abschmecken.

Die Mandelblättchen in einer trockenen Pfanne goldbraun rösten. Vor dem Servieren die Hälfte der Mandeln und den Rotkohl zum Salat geben und unterheben. Mandelblättchen, Petersilie und die übrigen Orangenscheiben darauf verteilen.

TIKKA MASALA

MIT KARTOFFELN UND BLUMENKOHL

Ein ganz wunderbares Wohlfühlgericht, das im Handumdrehen fertig ist und prima durchwärmt! Während das Gemüse im Ofen gart, wird die leckere Tomaten-Kokos-Soße vorbereitet, die das Gemüse so cremig und würzig umspielt, dass selbst Blumenkohl-Skeptiker bekehrt werden.

Zutaten

2 PORTIONEN

3 Schalotten
450 g kleine festkochende Kartoffeln (Drillinge)
450 g Blumenkohl
5 EL Kokosöl (flüssig)
Salz
3 TL Garam Masala
2 TL gemahlene Kurkuma
½ TL geräuchertes Paprikapulver
5 Knoblauchzehen
1 ½ EL geriebener Ingwer
je 2 TL gemahlener Kreuzkümmel und gemahlener Koriander
ca. 1 ½ TL Zucker
je 1 Msp. gemahlener Kardamom und Chiliflocken
2 EL Tomatenmark
400 g passierte Tomaten
400 ml Kokosmilch
frisch gemahlener Pfeffer

AUSSERDEM

Basmatireis
Koriander
Schwarzkümmel

Zubereitung

ALL-TIME-YUMMY

Den Backofen auf 175 °C (Umluft) vorheizen und ein Blech mit Backpapier auslegen. Die Schalotten schälen, zwei in Spalten schneiden, die dritte hacken. Die Kartoffeln waschen, ebenfalls in Spalten schneiden und auf eine Seite des Blechs legen. Den Blumenkohl in Röschen zerteilen, Strunkteile in mundgerechte Stücke schneiden. Mit den Schalottenspalten auf die andere Seite des Blechs legen. In einem Schälchen 3 EL Kokosöl mit 1 TL Salz und je ½ TL Garam Masala, Kurkuma und Paprikapulver vermischen. Das Gemüse mit dem Gewürzöl mischen und im heißen Ofen 20 Minuten backen.

Währenddessen den Knoblauch schälen und fein hacken. 2 EL Kokosöl in einem Topf erhitzen und die gehackte Schalotte darin glasig dünsten. Knoblauch und Ingwer zugeben und kurz mitdünsten. Die restlichen Gewürze, 1 ½ TL Salz und das Tomatenmark zugeben, alles vermischen und kurz anrösten. Passierte Tomaten und Kokosmilch zugeben und aufkochen. Abgedeckt bei niedriger Temperatur köcheln, bis das Gemüse fertig gebacken ist. Dann die Kartoffelspalten in die Tomaten-Kokos-Soße geben und 10 Minuten garen. Basmatireis nach Packungsanweisung kochen.

Das Tikka Masala vom Herd nehmen und den Blumenkohl und die Schalottenspalten untermischen. Alles mit Salz, Pfeffer und Zucker abschmecken. Reis in tiefe Teller verteilen und das Tikka Masala dazugeben. Mit Koriander und Schwarzkümmel garniert servieren.

SATAY-NUDELN

MIT GRÜNEM GEMÜSE

Für dieses cremige Erdnuss-Nudel-Gericht verwende ich gerne Vollkorn-Spaghetti, denn die habe ich meistens im Vorrat. Doch wer mag, kann sie natürlich auch durch asiatische Varianten wie Soba-Nudeln ersetzen, die durch die Grundzutat Buchweizen eine weitere nussige Note ins Spiel bringen.

Zutaten

2 PORTIONEN

400 g Vollkorn-Spaghetti
Salz
2 Zwiebeln
4 Knoblauchzehen
½ –1 rote Chilischote
2 EL helles Sesamöl
2 TL gehackter Ingwer
400 g Brokkoliröschen
400 g TK-Erbsen
200 g Baby-Spinat

FÜR DIE SOSSE

2 Limetten
200 g cremiges Erdnussmus
90 ml milde Sojasoße
4 EL Sesamöl
3 EL Ahornsirup
2 Knoblauchzehen
Salz
frisch gemahlener Pfeffer

FÜR DIE GARNITUR

3 Frühlingszwiebeln
½–1 rote Chilischote
80 g geröstete, ungesalzene Erdnusskerne
frischer Koriander (optional)

Zubereitung

SCHNELL & EASY

Für die Soße die Limetten auspressen. Den Saft mit Erdnussmus, Sojasoße, Sesamöl und Ahornsirup in eine Schüssel geben, den Knoblauch schälen und dazupressen. Kurz beiseitestellen. Für die Garnitur die Frühlingszwiebeln und den Chili in feine Ringe schneiden. Die Erdnüsse nach Belieben grob hacken oder ganz lassen.

Für die Spaghetti reichlich Salzwasser aufsetzen. Zwiebeln, Knoblauch und Ingwer schälen und fein hacken. Den Chili fein hacken. Das Sesamöl in einer Pfanne erhitzen und die Zwiebeln darin 3 Minuten andünsten. Knoblauch, Ingwer und Chili zugeben und 1 Minute mitgaren. Den Brokkoli zugeben und 4 Minuten unter Rühren garen.

Währenddessen die Spaghetti bissfest garen (nicht zu weich werden lassen!). Gegen Ende der Garzeit 200 ml Nudelwasser abnehmen, zu den Soßenzutaten geben und glatt rühren. Die Erdnusssoße mit Salz und Pfeffer abschmecken.

Die Erbsen zum Gemüse geben und 1 Minute mitgaren, dann den Baby-Spinat zugeben und zusammenfallen lassen. Die Erdnusssoße zugeben und kurz erhitzen. Die Nudeln abgießen, in die Pfanne geben und mit Gemüse und Soße vermischen. Auf Teller verteilen und mit Frühlingszwiebeln, Chili, Erdnüssen und, nach Wunsch, mit Koriander bestreut servieren.

BUNTE-BETE-CARPACCIO

MIT FELDSALAT UND SESAM-TOFU

Die knalligen Farben der Bunten Bete sind als hauchfeines Carpaccio besonders schön anzusehen. Dazu gibt es Feldsalat und einen knusprig gebratenen Tofu in Sesam gehüllt.

Zutaten

2 PORTIONEN

1 Rote Bete
1 Ringelbete
1 Gelbe Bete
200 g Feldsalat
20 g Walnusskerne
1 rote Zwiebel
rote Rettichkresse

FÜR DEN SESAM-TOFU

200 g Tofu
1 EL Speisestärke
1 Knoblauchzehe
3 EL Sojasoße
1 EL Agavendicksaft
1 EL Sesamöl
4 EL schwarzer und heller Sesam
Olivenöl

FÜR DAS DRESSING

3 EL Olivenöl
1 EL Weißweinessig
1 TL Ahornsirup
½ TL Senf
Salz & Pfeffer

Zubereitung

SCHNELL & EASY

Die Rote Bete, Ringelbete und Gelbe Bete schälen und mit einem Gemüsehobel oder Messer in hauchdünne Scheiben hobeln. Dazu am besten Handschuhe anziehen, da die Rote Bete stark abfärbt. Den Feldsalat waschen und putzen. Die Walnüsse hacken und ohne Öl in einer Pfanne rösten, bis sie duften, dann aus der Pfanne nehmen und beiseitestellen. Die Zwiebel schälen und in feine Ringe schneiden.

Den Tofu abtropfen lassen, trocken tupfen und in 2 cm große Würfel schneiden. In einer Schüssel mit etwas Speisestärke vermengen, bis alle Würfel damit ummantelt sind. Für die Marinade die Knoblauchzehe schälen und durch eine Knoblauchpresse drücken. Mit Sojasoße, Agavendicksaft und 1 EL Sesamöl in einer Schüssel zusammenrühren. Sesam auf einem tiefen Teller verteilen. Die Tofuwürfel zunächst in die Marinade dippen und anschließend in Sesam wenden. Etwas Olivenöl in der Pfanne erhitzen und den Tofu von allen Seiten knusprig anbraten.

Für das Dressing alle Zutaten mit einem Schneebesen verrühren. Dann mit Salz und Pfeffer würzen.

Zum Anrichten die gehobelten Bunte-Bete-Scheiben auf Tellern kreisförmig auslegen. Mittig den Feldsalat darauf verteilen. Mit dem Dressing beträufeln. Zuletzt den Tofu darüber anrichten. Mit gerösteten Walnüssen, Zwiebelringen und Kresse garnieren.

TIPP

Schmeckt auch lecker mit vorgegarter Roter Bete.

ROTE RÖSTI

MIT KARTOFFELSTAMPF UND HERBSTSALAT

Der gesunde Topinambur – auch Erdsonnenblume genannt – tanzt hier auf zwei Hochzeiten zugleich: Einmal mit Roter Bete in Form von Rösti und dann auch im Kartoffelstampf, dem er eine nussige Note verleiht und eine Zusatzportion Ballaststoffe schenkt.

Zutaten

4 PORTIONEN

FÜR DEN SALAT

1 Chicorée

je 1 Handvoll Rucola & Winter-Portulak (alternativ Feldsalat)

rote Radieschenkresse

1 kleiner Apfel

1 TL + 3 EL Zitronensaft

2 EL Sonnenblumenkerne

6 EL Olivenöl

2 Softdatteln

1 TL Dijonsenf

Salz & Pfeffer

FÜR DIE RÖSTI UND DEN KARTOFFELSTAMPF

700 g mehligkochende Kartoffeln

450 g Topinambur

250 g frische Rote Bete

1 rote Zwiebel

2 Knoblauchzehen

Salz & Pfeffer

½ TL Zitronensaft

120 ml Pflanzendrink

2 EL vegane Butter

geriebene Muskatnuss

1 Handvoll glatte Petersilie

40 g Mehl

1 EL Kümmel

6 EL vegane Crème fraîche

3 TL Meerrettich (Glas)

Öl zum Braten

Zubereitung

ALL-TIME-YUMMY

Für den Salat den Chicorée klein schneiden, Rucola und Portulak waschen und trocken schleudern. Den Apfel vierteln, entkernen, in feine Scheiben schneiden und mit 1 TL Zitronensaft beträufeln. Salate und Apfel mischen und mit einem feuchten Tuch abgedeckt kalt stellen. Sonnenblumenkerne in einer Pfanne rösten und abkühlen lassen. Olivenöl, 3 EL Zitronensaft, Datteln und Senf fein pürieren und mit Salz und Pfeffer abschmecken. Bis zur Verwendung kalt stellen.

Kartoffeln, Topinambur, Rote Bete, Zwiebel und Knoblauch schälen. Die Kartoffeln und die Hälfte des Topinamburs in 3 cm große Stücke schneiden. Die Topinamburstücke in einen Topf geben und mit Salzwasser und Zitronensaft aufkochen. 10 Minuten garen, danach die Kartoffeln zugeben und weitere 20–25 Minuten kochen. Abgießen, Milch und Butter zugeben und fein zerstampfen. Mit Salz und Muskatnuss würzen und abgedeckt warm halten.

Für die Rösti die Rote Bete, den Rest des Topinamburs und die Zwiebel raspeln und in eine Schüssel geben. Den Knoblauch dazupressen. Die Petersilie fein hacken und mit Mehl, Kümmel, 1 TL Salz und reichlich Pfeffer zugeben. Die Masse vermengen und abschmecken. Vegane Crème fraîche und Meerrettich mischen, mit Salz und Pfeffer abschmecken und kalt stellen.

Den Backofen auf 100 °C (Ober-/Unterhitze) vorheizen. Öl in einer Pfanne erhitzen. Aus der Rösti-Masse nach und nach 16 esslöffelgroße Portionen in die Pfanne geben und flach drücken. Bei mittlerer Temperatur ca. 4 Minuten pro Seite braten. Auf Küchenpapier geben und im Ofen warm halten.

Den Salat mit dem Dressing beträufeln und mit Sonnenblumenkernen bestreuen. Die Rösti mit Salat, Kartoffelstampf und einem Klecks Meerrettichcreme servieren.

04 FÜR KALTE WINTERTAGE

ROTKOHL-STEAKS

AUF KARTOFFELPÜREE MIT ORANGE UND THYMIAN

Rotkohl mal anders! Für diese veganen Rotkohlsteaks wird der Rotkohl in dünne Scheiben geschnitten und mit einer leckeren Marinade bepinselt. Im Ofen wird dieser zu einem winterlich-wärmenden Genuss.

Zutaten

4 PORTIONEN

FÜR DEN ROTKOHL

1 kg Rotkohl
1 Knoblauchzehe
2 Bio-Orangen
1 Bund Thymian
3 EL Haselnusskerne
2 EL Olivenöl
2 EL Aceto balsamico bianco
2 EL Ahornsirup
½ TL Chiliflocken
Salz & Pfeffer

FÜR DAS KARTOFFELPÜREE

700 g mehligkochende Kartoffeln
200 ml Haferdrink
1 EL vegane Butter
½ TL geriebene Muskatnuss
Salz & Pfeffer

Zubereitung

ALL-TIME-YUMMY

Den Backofen auf 180 °C (Ober-/Unterhitze) vorheizen. Den Rotkohl putzen, waschen und in ca. 1 cm dicke Scheiben schneiden. Auf ein mit Backpapier ausgelegtes Backblech legen. Den Knoblauch schälen und fein hacken. Die Orangen heiß abwaschen und trocken tupfen, die Schale einer Orange abreiben und den Saft auspressen. Die zweite Orange für die Deko in dünne Scheiben schneiden. Den Thymian waschen, trocken schütteln und die Blättchen von den Stielen zupfen. Die Haselnusskerne grob hacken.

Den gehackten Knoblauch, 1 EL Orangenschale, 2 EL Orangensaft sowie Olivenöl, Balsamicoessig und Ahornsirup zu einer Marinade verrühren. Mit Chiliflocken, Salz und Pfeffer abschmecken. Die Marinade auf den Rotkohlscheiben verteilen und diese im heißen Ofen auf mittlerer Schiene ca. 40 Minuten backen. Nach etwa 20 Minuten jeweils zwei Drittel der Haselnüsse und Thymianblättchen auf den Rotkohl geben und mitbacken.

In der Zwischenzeit die Kartoffeln schälen, waschen und ca. 20 Minuten in kochendem Salzwasser gar kochen. Nach Ende der Garzeit abgießen und mit einem Kartoffelstampfer zerdrücken. Milch und Butter einrühren, mit Muskatnuss, Salz und Pfeffer abschmecken.

Rotkohlsteaks aus dem Ofen nehmen und auf dem Kartoffelpüree anrichten. Mit etwas Orangensaft beträufeln und mit den restlichen Haselnüssen, Thymian und den Orangenscheiben dekorieren.

SPICY LINSEN-LASAGNE

Deftig, sättigend und einfach prächtig – Lasagne ist das Winter-Wohlfühlgericht par excellence! Die Basis bildet hier eine schöne Linsen-Bolognese, deren dunkles Geheimnis wir jetzt mal verraten: ein Stückchen Zartbitterschokolade. Aber das bleibt unter uns!

Zutaten

4–6 PORTIONEN

FÜR DIE BOLOGNESE

100 g rote Linsen
80 g Belugalinsen
1 große rote Zwiebel
3 Knoblauchzehen
1 große Möhre
1 Stange Staudensellerie
2 EL Olivenöl
1 gehäufter EL Tomatenmark
1 TL Zucker
1 großzügiger Schuss Rotwein
400 ml Gemüsebrühe
1 Dose stückige Tomaten (400 g)
250 g passierte Tomaten
1 EL edelsüßes Paprikapulver
1 EL getrockneter Oregano
je 1 TL Thymian, Chiliflocken und Fenchelsamen
20 g vegane Zartbitterschokolade
1 Handvoll Baby-Spinat
Salz & Pfeffer

FÜR DIE BÉCHAMEL

40 g vegane Butter
30 g Mehl
240 ml Sojadrink
geriebene Muskatnuss

AUSSERDEM

12 Lasagneblätter | Olivenöl
ca. 150 g veganer Reibekäse

Zubereitung

SLOW FOOD

Die Linsen gründlich waschen und abtropfen lassen. Zwiebel, Knoblauch und Möhre schälen und würfeln. Den Sellerie ebenfalls fein würfeln. 2 EL Öl in einem großen Topf erhitzen und das Gemüse darin 5 Minuten anschwitzen. Tomatenmark und Zucker zugeben und kurz mitbraten. Mit Rotwein ablöschen. Gemüsebrühe, stückige und passierte Tomaten, beide Linsensorten, Paprikapulver, Oregano, Thymian, Chiliflocken und Fenchelsamen zugeben, aufkochen und abgedeckt bei niedriger Temperatur 20 Minuten köcheln. Die Schokolade unterrühren. Den Spinat zugeben, untermischen und die Linsen-Bolognese mit Salz und Pfeffer abschmecken.

Für die Béchamelsoße die Butter in einem Topf zerlassen. Das Mehl einrühren und 1 Minute erhitzen. Die Sojamilch in feinem Strahl zugießen, dabei mit einem Schneebesen kontinuierlich rühren. Die Soße aufkochen. Vom Herd nehmen und mit Muskatnuss, Salz und Pfeffer abschmecken.

Den Backofen auf 160 °C (Ober-/Unterhitze) vorheizen. Eine Auflaufform mit 1 EL Olivenöl fetten. Etwas Bolognese auf den Boden streichen und drei Lasagneblätter darauflegen. Ein Drittel der restlichen Bolognese darauf verteilen, etwas Käse daraufstreuen. Drei Lasagneblätter, ein Drittel der Bolognese und Käse daraufschichten. Mit drei Blättern bedecken, die restliche Bolognese daraufstreichen und mit der Hälfte der Béchamelsoße bedecken. Die drei letzten Lasagneblätter darauflegen. Mit der restlichen Béchamelsoße bestreichen und den restlichen Reibekäse daraufstreuen. Die Lasagne 25 Minuten backen, dann die Temperatur auf 180 °C erhöhen und die Lasagne 20 Minuten überbacken. Aus dem Ofen nehmen und vor dem Anschneiden mindestens 10 Minuten ruhen lassen.

GALETTES BRETONNES

MIT CASHEW-CREME, CHAMPIGNONS UND SPINAT

Diese Galettes kommen aus Frankreich und ähneln einem dünnen Crêpe, der traditionell lediglich aus Buchweizenmehl, Salz und Wasser besteht. In dieser veganen Wintervariante gibt es dazu gebratene Champignons, Spinat und eine Creme aus Cashews.

Zutaten

FÜR 4 GALETTES

FÜR DIE GALETTES

150 g Buchweizenmehl
Salz
vegane Butter (alternativ Olivenöl)

FÜR DIE CASHEW-CREME

150 g Cashewkerne
1 Knoblauchzehe
1 Spritzer Zitronensaft
Salz & Pfeffer

FÜR DIE PILZ-SPINAT-FÜLLUNG

1 rote Zwiebel
1 Knoblauchzehe
120 g Champignons
100 g Baby-Spinat
3 Zweige Thymian
1–2 EL Olivenöl
½ TL Paprikapulver
1 Prise geriebene Muskatnuss
Salz & Pfeffer
Chiliflocken

Zubereitung

ALL-TIME-YUMMY

Für den Teig Buchweizenmehl, 1 TL Salz und 300 ml Wasser in einer großen Schüssel verrühren und 30–60 Minuten gehen lassen. So wird der Geschmack etwas intensiver. Wenn man keine Zeit dazu hat, kann der Teig auch direkt verwendet werden.

Die Cashewkerne über Nacht im Kühlschrank in reichlich Wasser einweichen. Alternativ 15 Minuten lang kochen, bis sie weich sind. Danach abgießen. Den Knoblauch schälen und zusammen mit den Cashewkernen und 120 ml frischem Wasser in einen Hochleistungsmixer geben und pürieren, bis die Masse glatt und cremig ist. Mit Zitronensaft, Salz und Pfeffer abschmecken.

Für die Füllung die Zwiebel und den Knoblauch schälen und fein hacken, die Champignons putzen und in Scheiben schneiden, den Spinat waschen. Den Thymian waschen, trocken tupfen und die Blättchen abzupfen. Eine Pfanne erhitzen und das Öl hineingeben. Zwiebel und Knoblauch anschwitzen, die Pilze dazugeben und unter Rühren anbraten. Den Spinat zugeben und unterheben. Kurz köcheln lassen, bis sich alles gut verbunden hat. Mit Paprikapulver, Muskat, Thymian, Salz und Pfeffer abschmecken. Beiseitestellen.

Vegane Butter oder Öl in einer Pfanne zerlassen. Etwas Teig (nicht zu viel) in die Pfanne geben. Die Pfanne schwenken, sodass sich der Teig gleichmäßig auf dem Pfannenboden verteilt. Dann einige Minuten backen und wenden. Zum Schluss die Galette auf einen Teller geben, die Cashew-Creme daraufstreichen. Die Füllung in der Mitte der Galette verteilen und die Teigränder einschlagen. Mit Thymian und Chiliflocken garniert servieren.

WINTER-GEMÜSE-TAJINE

MIT APRIKOSEN

Für diesen Schmortopf gibt es zwei Zubereitungsmöglichkeiten: Entweder er gart bei 160 °C etwa eine Stunde im Ofen oder man köchelt ihn bei niedriger Temperatur auf dem Herd, dann ist das Gemüse bereits nach ca. 30 Minuten bissfest.

Zutaten

4 PORTIONEN

2 Zwiebeln
8 Knoblauchzehen
300 g Pastinaken
250 g Steckrüben
250 g festkochende Kartoffeln
200 g Möhren
1 Petersilienwurzel
2 kleine Fenchelknollen
80 g getrocknete Aprikosen
1 Glas Kichererbsen (220 g Abtropfgewicht)
3 EL Olivenöl
2 TL Kreuzkümmelsamen
2 TL Koriandersamen
1 TL Fenchelsamen
1 Zimtstange
1 ½ EL Ras el Hanout
½ TL gemahlene Kurkuma
2 Dosen stückige Tomaten (800 g)
Abrieb von ½ Bio-Orange
1 l Gemüsebrühe
Salz & Pfeffer
250 g Couscous
150 g veganer Feta
1 große Handvoll Petersilie
1 Handvoll Rosinen (optional)

Zubereitung

SLOW FOOD

Den Backofen auf 160 °C (Ober-/Unterhitze) vorheizen. Zwiebeln, Knoblauch, Pastinaken, Steckrüben, Kartoffeln, Möhren und Petersilienwurzel schälen, den Fenchel putzen. Die Zwiebeln und den Knoblauch hacken, das Gemüse in Spalten schneiden. Die Aprikosen quer halbieren und die Kichererbsen abgießen (das Kichererbsenwasser auffangen und z. B. für eine Pavlova oder Ähnliches verwenden).

Das Öl in einem ofenfesten Schmortopf erhitzen und die Zwiebel darin 5 Minuten andünsten. Knoblauch, Aprikosen, Gewürzsamen und Zimtstange zugeben und 1 Minute erhitzen. Ras el Hanout, Kurkuma, Tomaten, Gemüsebrühe, Orangenabrieb, 1 TL Salz, Pfeffer und die Kichererbsen zugeben. Alles verrühren und zum Kochen bringen. Abdecken und im heißen Backofen ca. 1 Stunde schmoren, bis das Gemüse bissfest ist.

Den Couscous nach Packungsanweisung zubereiten und den Feta grob zerbröseln. Die Petersilie hacken. Die Tajine aus dem Ofen nehmen und mit Salz und Pfeffer abschmecken. Den Couscous auf Tellern verteilen und das Gemüse dazugeben. Mit Feta, Petersilie und, wenn gewünscht, Rosinen bestreut servieren.

TIPP

Die Tajine lässt sich sehr gut am Vortag vorbereiten; sie zieht dann noch mal schön durch und wird durch die Stärke der Kartoffeln ein bisschen sämiger.

PILZ-GULASCH

MIT KARTOFFELKNÖDELN UND APFEL-ROTKOHL

Bei uns gibt es zu Weihnachten schon seit meiner Kindheit Gans mit Rotkohl und Kartoffelknödeln. Seit ich vegan lebe, habe ich die Gans gegen ein lecker würziges Pilzgulasch ersetzt.

Zutaten

2 PORTIONEN

FÜR DEN ROTKOHL

375 g Rotkohl
Salz
1 Zwiebel
1 kleiner Apfel
1 EL Olivenöl
170 ml Traubensaft
3–4 EL Weißweinessig
1 Lorbeerblatt
2 Nelken
Pfeffer
1 EL Ahornsirup

FÜR DAS GULASCH

25 g getrocknete Steinpilze
250 g Champignons
2 Möhren
1 Zwiebel
1 Knoblauchzehe
2 Zweige Thymian
2–3 EL Olivenöl
3 EL Tomatenmark
1 EL Sojasoße
125 ml Rotwein (alternativ Traubensaft + 1 Schuss Weißweinessig)
125 ml Gemüsebrühe
Salz & Pfeffer

FÜR 6 KLEINE KNÖDEL

400 g mehligkochende Kartoffeln
60 g Kartoffelmehl
Salz & Pfeffer
1 Prise geriebene Muskatnuss
2 EL vegane Butter

Zubereitung

SLOWFOOD

Den Rotkohl waschen und den Strunk herausschneiden, dann den Kohl in feine Streifen hoben. In eine Schüssel geben und mit ½ TL Salz kurz verkneten. Dann beiseitestellen, damit der Kohl etwas weicher wird. Die Zwiebel schälen und in kleine Würfel schneiden. Den Apfel waschen, entkernen und in Würfel schneiden. Das Öl in einem großen beschichteten Kochtopf erhitzen. Zwiebelwürfel und Apfelwürfel hinzugeben und ca. 5 Minuten andünsten. Dann Rotkohl und Traubensaft dazugeben und kurz einkochen lassen.

Weißweinessig, das Lorbeerblatt, Nelken sowie Pfeffer und Ahornsirup nach Geschmack zugeben. Bedeckt kurz aufkochen, dann die Hitze reduzieren und bei mittlerer Hitze ca. 30 Minuten schmoren

⟶

lassen. Zwischendurch immer wieder umrühren und bei Bedarf noch etwas Flüssigkeit nachgießen. Zuletzt noch mal mit Salz und Pfeffer abschmecken. Vor dem Servieren das Lorbeerblatt und die Nelken entfernen.

Für das Gulasch die getrockneten Steinpilze vorab in 350 ml heißem Wasser mindestens 30 Minuten einweichen. Die frischen Pilze und die Möhren putzen und klein schneiden. Die Zwiebel schälen und fein würfeln und die Knoblauchzehen schälen und fein hacken. Den Thymian waschen und trocken tupfen, die Blätter von den Stielen zupfen und hacken. Ein bisschen für die Deko beiseitelegen. Sobald die getrockneten Steinpilze weich sind, diese aus der Brühe nehmen und ebenfalls klein schneiden. Die Steinpilzbrühe aber unbedingt aufheben!

Für die Knödel die Kartoffeln mit Schale in einen Topf geben, mit kaltem Wasser auffüllen und kräftig salzen. Aufkochen lassen und danach bei mittlerer Hitze ca. 20 Minuten kochen, bis sie gar sind. Danach abgießen und etwas ausdampfen lassen.

Olivenöl in einer tiefen Pfanne oder einem Topf erhitzen und die Zwiebel darin auf kleiner Hitze anschwitzen, bis sie glasig wird. Möhrenstückchen, frische und getrocknete Pilze sowie Knoblauch und gehackten Thymian dazugeben und alles gemeinsam ca. 10 Minuten anbraten. Tomatenmark und Sojasoße zum Gemüse geben und ca. 3 Minuten anbraten. Alles mit Rotwein ablöschen und auf mittlerer Hitze einkochen lassen. Jetzt das Einweichwasser der getrockneten Pilze und die Gemüsebrühe dazugeben und alles kräftig mit Salz und Pfeffer würzen. Alles gemeinsam aufkochen lassen und danach bei mittlerer Hitze köcheln lassen, bis die Knödel fertig sind.

Die abgekühlten Kartoffeln schälen und mit einem Kartoffelstampfer stampfen oder durch eine Kartoffelpresse drücken. Kartoffelmehl, Salz, Pfeffer und Muskatnuss hinzufügen. Die Mischung mit den Händen zu einem glatten Teig kneten. In der Zwischenzeit Wasser und genügend Salz in einem großen Topf zum Kochen bringen. Die Hände befeuchten und den Teig zu sechs kleinen Kugeln formen. Die Hitze reduzieren – das Wasser sollte heiß sein, aber es sollte nicht kochen. Die Knödel vorsichtig in den Topf geben und ca. 10 Minuten ziehen lassen, bis sie an die Oberfläche steigen. Mit einer Schaumkelle aus dem Wasser nehmen.

Die Butter in einer Pfanne erhitzen und die Knödel darin von allen Seiten goldbraun anbraten. Die Knödel aus der Pfanne nehmen, mit Pilzgulasch und Rotkraut servieren. Mit Thymian garnieren.

GEMÜSE-TARTE-TATIN

MIT WALNÜSSEN

Für diese Tarte karamellisieren Kartoffeln, Möhren und Lauch unter einer knusprigen Blätterteigdecke; wer also eine deutlich süße Note zu schätzen weiß, wird dieses Gericht lieben. Dazu am besten einen schönen frischen Salat servieren, der durch die Säure des Dressings ein gutes Gegengewicht bildet.

Zutaten

2–4 PORTIONEN

300 g kleine Kartoffeln (Drillinge)
1 Möhre (ca. 100 g)
1 Stange Lauch (nur weißer und hellgrüner Teil)
2 EL Olivenöl
50 g Zucker
50 g vegane Butter
100 ml (alkoholfreies) Bier
30 ml Apfelessig
2 EL Sojasoße
1 Handvoll Walnusskerne
1 TL Fenchelsaat
Salz
frisch gemahlener Pfeffer
275 g veganer Blätterteig (1 Rolle)

Zubereitung

SLOW FOOD

Die Kartoffeln und die Möhre schälen, den Lauch putzen. Das Gemüse in 1 cm dicke Scheiben schneiden und mit dem Öl beträufeln. In einer Tarte-Tatin-Form aus Gusseisen oder in einer beschichteten, ofenfesten Pfanne (ca. 20 cm Ø am Boden und ca. 23 cm Ø oben am Rand) zunächst die Kartoffelscheiben am äußeren Rand fächerartig rundum legen. Anschließend die Lauchscheiben ebenso im Kreis anordnen und dann einen kleinen Möhrenkreis legen. Die Mitte dekorativ mit kleinen Gemüsescheiben füllen.

Den Backofen auf 180 °C (Ober-/Unterhitze) vorheizen. In einer Pfanne den Zucker schmelzen und goldbraun karamellisieren. Erst die Butter, dann ganz langsam Bier, Apfelessig und Sojasoße einrühren. Den Sirup aufkochen und etwaige Karamellstückchen unter Rühren schmelzen lassen. Behutsam zum Gemüse in die Tarteform bzw. Pfanne gießen. Für 20 Minuten im heißen Ofen backen.

Die Tarte aus dem Ofen nehmen. Der Sirup sollte ca. 5 mm hoch in der Form stehen. Falls er noch zu flüssig ist, auf dem Herd einkochen. Die Walnüsse fein hacken und mit Fenchel, Pfeffer und etwas Salz auf dem Gemüse verteilen. Den Blätterteig ausrollen, quer halbieren und die Hälften aufeinanderlegen. Etwas größer als die Form zuschneiden, mit einer Gabel mehrmals einstechen und auf das Gemüse legen. Die Ränder etwas andrücken. 25–30 Minuten backen. Aus dem Ofen nehmen und 5 Minuten ruhen lassen. Mit einem großen Teller bedecken. Behutsam die überschüssige Flüssigkeit, die sich eventuell gesammelt hat, in ein Schälchen abfließen lassen. Dann die Tarte auf einen Teller stürzen.

ROSMARIN-KARTOFFEL-PLÄTZCHEN

AUF BUNTEM WINTERGEMÜSE MIT TOFU-FETA

Knusprige Taler aus gekochten Kartoffeln sind perfekt, um Kartoffeln vom Vortag zu verarbeiten. Dazu gibt es ein herbstliches Ofengemüse mit veganem Tofu-Feta.

Zutaten

2 PORTIONEN

FÜR DAS OFENGEMÜSE

6 bunte Möhren
200 g Rosenkohl
200 g Hokkaido-Kürbis
3–4 EL Olivenöl
1 TL Paprikapulver
1–2 Zweige Rosmarin
Salz & Pfeffer
200 g Tofu-Feta (siehe S. 10–11; alternativ veganer Feta)

FÜR DIE KARTOFFEL-PLÄTZCHEN

500 g mehligkochende Kartoffeln
Salz
frischer Rosmarin
frischer Thymian
1 rote Zwiebel
3–4 EL zarte Haferflocken
Pfeffer
1 Msp. geriebene Muskatnuss
3 EL Olivenöl

Zubereitung

ALL-TIME-YUMMY

Die Kartoffeln waschen, in einen Topf mit Salzwasser geben und ca. 25 Minuten garen. Anschließend das Wasser abgießen und die Kartoffeln etwas abkühlen lassen.

Währenddessen ein Backblech mit Backpapier belegen und den Ofen auf 200 °C (Ober-/Unterhitze) vorheizen. Die Möhren waschen und längs halbieren, den Rosenkohl waschen, putzen und halbieren. Den Kürbis waschen, entkernen und in Spalten schneiden. Alles aufs Backblech geben, das Öl, das Paprikapulver und den Rosmarin beigeben, mit Salz und Pfeffer würzen und alles mischen. 20 Minuten backen, Gemüse nach der Hälfte der Zeit wenden. Den Feta mit den Händen etwas zerkrümeln und auf dem Blech verteilen. Weitere 10 Minuten backen, bis alles gut gebräunt ist.

Rosmarin und Thymian waschen, trocken tupfen, die Blättchen und Nadeln abzupfen und klein hacken. Die abgekühlten Kartoffeln pellen und mithilfe eines Kartoffelstampfers zerdrücken. Die Zwiebel in feine Würfel schneiden und zu den Kartoffeln geben. Die Haferflocken zusammen mit den Kräutern unterheben. Alles zu einem Teig verkneten und mit Salz, Pfeffer und Muskat verfeinern. Aus der Masse sechs Taler formen.

Das Öl in einer beschichteten Pfanne erhitzen und die Plätzchen von jeder Seite ca. 5 Minuten goldgelb braten. Die Kartoffelplätzchen auf dem Ofengemüse servieren.

CREMIGE SPÄTZLE

MIT PFIFFERLINGEN

Spätzle wie bei Oma, aber ganz vegan und sogar glutenfrei. Am leckersten sind sie handgeschabt vom Holzbrett. Dazu gibt es eine cremige Pfifferlingsoße.

Zutaten

2 PORTIONEN

150 g Kichererbsenmehl
80 g Kartoffelmehl
Salz
1 Prise gemahlene Kurkuma
1 Prise geriebene Muskatnuss
160 ml Haferdrink (alternativ anderer Pflanzendrink)

FÜR DIE PILZE

400 g Pfifferlinge
3 Knoblauchzehen
1 rote Zwiebel
4 Zweige Thymian
40 g vegane Butter (alternativ Olivenöl)
250 ml Hafercreme Cuisine
100 ml Gemüsebrühe
1 EL Weißweinessig
Salz & Pfeffer
1 Prise geriebene Muskatnuss
Petersilie

AUSSERDEM

Spätzlebrett (kleines Holzbrett) mit Schaber oder Spätzlepresse

Zubereitung

ALL-TIME-YUMMY

Für die Spätzle Kichererbsenmehl, Kartoffelmehl, ½ TL Salz und Kurkuma in einer mittelgroßen Schüssel vermischen. Nach und nach den Haferdrink hinzugeben und verquirlen, bis der Teig glatt und leicht zähflüssig ist. Er sollte nicht zu flüssig sein, sondern eher wie ein dicker Teig, der in Klumpen vom Löffel fällt.

Einen großen Topf mit Salzwasser zum Kochen bringen. Etwas Teig in einer dünnen Schicht auf ein kleines Schneidebrett oder Spätzlebrett streichen und kurz in das heiße Wasser eintauchen. Mit einem großen Messer lange, dünne Streifen vom Teig in das kochende Wasser abschaben. Alternativ eine Spätzlepresse verwenden. Die Spätzle ca. 3 Minuten kochen, dann mit einer Schaumkelle aus dem Topf holen und kurz mit kaltem Wasser abschrecken.

Die Pfifferlinge putzen und je nach Größe in mundgerechte Stücke schneiden. Knoblauch und Zwiebel schälen und fein würfeln. Den Thymian waschen, trocken tupfen und die Blättchen abzupfen. Butter in einer großen Pfanne erhitzen, die Pilze hineingeben und bei mittlerer Hitze ca. 5 Minuten braten. Knoblauch, Zwiebeln und Thymian hinzufügen und weitere 3 Minuten braten. Hafercreme Cuisine, Gemüsebrühe, Weißweinessig, Salz, Pfeffer und Muskatnuss hinzugeben und bei schwacher Hitze etwa 5 Minuten köcheln lassen.

Die Petersilie waschen, trocken tupfen und fein hacken. Die Spätzle mit den Pfifferlingen mischen, abschmecken und mit Petersilie bestreut servieren.

TIPP

Für mehr Ei-Geschmack kann man eine Prise Kala Namak (Schwarzsalz) in den Spätzleteig geben.

BLUMEN-KOHL

MIT GRANATAPFEL UND MUHAMMARA

Die dicken Blumenkohlscheiben werden im Ofen gegart, bis sie knusprig braun sind und schöne Röstaromen bekommen. Dazu gibt es einen nussigen Dip der Levante-Küche aus gerösteter Paprika und Walnüssen.

Zutaten

4 PORTIONEN

1 Blumenkohl
3 EL Paprikapulver
5 EL Olivenöl
Salz & Pfeffer
2 Knoblauchzehen
1 TL Chiliflocken

FÜR DEN DIP

70 g Walnusskerne
2 Spitzpaprika
½ Knoblauchzehe
1 TL Chiliflocken
½ EL Granatapfelsirup (alternativ Ahornsirup)
1 TL gemahlener Kreuzkümmel
1 ½ EL Zitronensaft
1 EL Olivenöl
25 g Vollkorn-Semmelbrösel
frische Petersilie
Granatapfelkerne

Zubereitung

ALL-TIME-YUMMY

Den Backofen auf 200 °C (Ober-/Unterhitze) vorheizen. Den Blumenkohl putzen und vorsichtig in ca. 2 cm dicke Scheiben schneiden.

Für die Marinade in einer Schüssel Paprikapulver mit Olivenöl, Salz und Pfeffer vermengen. Die Blumenkohlscheiben mit zwei Dritteln der Marinade rundum bestreichen und auf ein mit Backpapier belegtes Backblech legen. Die Knoblauchzehen schälen, andrücken und zerteilen. Den Blumenkohl damit einreiben und den Knoblauch dann mit aufs Blech legen.

Die Blumenkohlscheiben im heißen Ofen auf der zweiten Schiene von unten ca. 20 Minuten backen. Nach der Hälfte der Zeit wenden, mit der restlichen Marinade bestreichen und fertig garen.

Für den Muhammara-Dip die Walnüsse in einer heißen Pfanne ohne Öl 2–3 Minuten rösten. Ab und zu umrühren und aufpassen, dass sie nicht anbrennen. Aus der Pfanne nehmen, 1 EL der Walnüsse für das Topping beiseitelegen.

Die Paprika halbieren und entkernen. Mit der Schnittseite nach oben ohne Öl in die heiße Pfanne geben und 7 Minuten auf der Hautseite braten. Anschließend wenden und mit geschlossenem Deckel 20 Minuten bei mittlerer Hitze dämpfen, bei Bedarf hierfür 50 ml Wasser dazugeben. Anschließend schwarze Hautstellen von der Paprika entfernen. Den Knoblauch schälen.

Paprika, Knoblauch, Chiliflocken, Granatapfelsirup, Kreuzkümmel, Zitronensaft, Olivenöl und Salz in einem Mixer glatt pürieren. Walnüsse und Semmelbrösel hinzufügen und zur gewünschten Konsistenz – je nach Geschmack stückiger oder feiner – verarbeiten.

Die beiseitegelegten Walnüsse grob hacken, das Muhammara in eine Schüssel geben. Die Blumenkohlsteaks mit Petersilie und Granatapfelkernen garnieren und zusammen mit dem Dip servieren.

GRÜNKOHL-BROT

MIT RÖSTZWIEBELN UND KARTOFFELAUFSTRICH

Dass Abendbrot eine vollwertige Mahlzeit mit geschmacklichem Wumms sein kann, beweist dieses leckere Duo: Das deftige Brot versorgt uns durch Grünkohl und Vollkornmehl mit Mineral- und Ballaststoffen und der Aufstrich liefert dank viel frischer Petersilie reichlich Vitamin C.

Zutaten

FÜR 1 BROT

FÜR DAS BROT

250 g Weizenmehl (Type 550) + etwas mehr zum Bestäuben
150 g Dinkelvollkornmehl
Salz
2 TL Zucker
1 Prise frisch gemahlener Pfeffer
1 Pck. Trockenhefe
200 ml lauwarmes Wasser
70 ml lauwarmer Haferdrink
2 EL Olivenöl
100 g Grünkohl
50 g Röstzwiebeln

FÜR DEN AUFSTRICH

3 mehligkochende Kartoffeln
Salz
1 Schalotte
1 Bund glatte Petersilie
150 g vegane Crème fraîche
1 TL gemahlener Kümmel
¼ TL Paprikapulver, rosenscharf
frisch gemahlener Pfeffer
Röstzwiebeln zum Bestreuen

AUSSERDEM

ca. 5 Eiswürfel

Zubereitung

SLOW FOOD

In einer großen Schüssel beide Mehlsorten mit 1 TL Salz, Zucker, Pfeffer und Hefe vermischen. Mit Wasser, Hafermilch und Öl zu einem recht klebrigen Teig verkneten. Abgedeckt an einem warmen Ort zur doppelten Größe aufgehen lassen.

Den Grünkohl putzen und die Blätter von den Rispen streifen. Waschen und in wenig kochendem Salzwasser 5 Minuten garen. Abtropfen lassen, gut ausdrücken und fein hacken.

Den Backofen auf 230 °C (Ober-/Unterhitze) vorheizen und ein tiefes Backblech auf die unterste Schiene schieben. Den Grünkohl und die Röstzwiebeln zum Teig geben und unterkneten. Den Teig zu einem runden Laib formen (eventuell die Hände dafür befeuchten, denn der Teig bleibt recht klebrig), mit etwas Mehl bestäuben und mit einem scharfen Messer rautenförmig einschneiden. Auf ein mit Backpapier belegtes Blech legen und 15 Minuten gehen lassen.

Das Brot auf die mittlere Schiene des Ofens schieben. Die Eiswürfel auf das untere Blech geben und sofort den Backofen schließen. 10 Minuten backen, dann die Temperatur auf 200 °C reduzieren und das Brot in 35–40 Minuten fertig backen. Es ist fertig, wenn es beim Klopfen auf die Unterseite hohl klingt.

Für den Aufstrich die Kartoffeln waschen, schälen, in Stücke schneiden und in Salzwasser in 10–15 Minuten weich kochen. Abgießen, 1 Minute ausdampfen lassen und mit einer Gabel fein zerdrücken. Während die Kartoffelmasse abkühlt, Schalotte schälen, Petersilie waschen und trocken schleudern und beides fein hacken. Mit veganer Crème fraîche, Kümmel und Paprika zu den Kartoffeln geben. Alles vermengen und den Aufstrich mit Salz und reichlich Pfeffer abschmecken. Mit Röstzwiebeln bestreut zum Brot servieren.

PILZ-SCHNITZEL

MIT KARTOFFELSALAT, GRANATAPFEL & WALNÜSSEN

Schnitzel mit Kartoffelsalat mag fast jede*r. Umso besser, dass es diese leckere, vegane Variante gibt. Am besten schmeckt es mit selbst gesammelten Pilzen. Also schnell auf in den Wald und losgesucht. Wer nicht gerne Pilze sammelt oder keinen Erfolg auf der Suche hatte, kann die Schnitzel genauso gut mit Kräuterseitlingen machen.

Zutaten

2 PORTIONEN

FÜR DEN KARTOFFELSALAT

500 g festkochende Kartoffeln
1 große Zwiebel
2 EL Olivenöl
3–4 EL Weißweinessig
100 ml Gemüsebrühe
1 TL mittelscharfer Senf
4 EL neutrales Pflanzenöl (z. B. Sonnenblumenöl)
1 Handvoll Schnittlauch
1 Prise geriebene Muskatnuss
Salz & Pfeffer

FÜR DIE PILZSCHNITZEL

6 kleine Parasolpilze, große Steinpilze oder Kräuterseitlinge
Salz & Pfeffer
80 g Mehl
120 g Vollkorn-Semmelbrösel
80 ml Haferdrink
Rapsöl

AUSSERDEM

½ Granatapfel
Petersilie
1 Zitrone
2 EL Walnusskerne

Zubereitung

SLOWFOOD

Die Kartoffeln waschen, in einen Topf geben und knapp mit Wasser bedecken. Bei geschlossenem Deckel aufkochen, dann bei geringer Hitze bissfest garen. Abgießen und abkühlen lassen. Danach pellen, in dünne Scheiben schneiden und in eine Schüssel geben.

Die Zwiebel schälen und fein würfeln. Das Olivenöl in einer Pfanne erhitzen und die Zwiebel unter Rühren glasig andünsten. Mit Essig und Brühe ablöschen, Senf und neutrales Öl untermengen. Aufkochen lassen und noch heiß über die Kartoffeln geben. Gut vermengen. Den Schnittlauch waschen und in Röllchen schneiden, unterrühren. Mit Muskatnuss, Salz und Pfeffer abschmecken und mindestens 1 Stunde ziehen lassen.

Den Granatapfel aufschneiden und die Kerne herauslösen. Die Petersilie waschen, trocken tupfen und grob hacken. Die Zitrone in Spalten schneiden. Die Walnüsse in einer beschichteten Pfanne ohne Öl bei mittlerer Hitze rösten, dabei regelmäßig wenden, damit sie nicht zu dunkel werden. Je nach Größe dauert der Röstvorgang etwa 5 Minuten. Haben die Walnüsse die gewünschte Bräunung erreicht, aus der Pfanne nehmen und auskühlen lassen.

Die Pilze mit einer weichen Bürste putzen, nicht mit Wasser waschen. Den Stiel abschneiden, dann mit dem Messerrücken oder Fingern etwas auf den Pilzhut klopfen, damit Schmutz oder andere Unreinheiten aus den Lamellen kommen. Die Pilze von beiden Seiten mit Salz und Pfeffer würzen.

→

TIPP

Am besten schmeckt der Kartoffelsalat, wenn er mehrere Stunden durchgezogen ist.

Zeit für die klassische Panierstraße. Mehl, Semmelbrösel und Hafermilch gemischt mit Salz und Pfeffer auf je eine Schüssel oder einen tiefen Teller verteilen. Zuerst kommt das Pilzschnitzel ins Mehl, damit die Panade gut hält. Dann in die Milch tunken und direkt danach in Semmelbröseln wenden. Damit die Panade noch knuspriger wird, kommt das Schnitzel anschließend noch mal in Hafermilch und in die Semmelbrösel.

In einer großen Pfanne ausreichend Öl erhitzen, d. h. es sollte ½–1 cm hoch in der Pfanne stehen. Die Schnitzel vorsichtig in das heiße Fett legen und von beiden Seiten knusprig-golden anbraten. Danach auf einem Teller mit Küchenpapier kurz abtropfen lassen.

Die Zitronenschnitze direkt über den Schnitzeln leicht auspressen. Mit dem Kartoffelsalat servieren und mit Granatapfelkernen, Petersilie und gerösteten Walnüssen garnieren.

SCHUPF-NUDELN

MIT SPITZKOHL

Bei diesem Gericht kommen Kindheitserinnerungen hoch. Ein wenig abgewandelt gibt es die Schupfnudeln mit gebratenem Spitzkohl. Ein richtiges Winteressen, das uns an kalten Tagen satt, glücklich und zufrieden macht. Gegessen wird direkt aus der Pfanne.

Zutaten

4 PORTIONEN

FÜR DIE SCHUPFNUDELN

900 g mehligkochende Kartoffeln
Salz
160 g Weizenmehl
30 g Kartoffelmehl
1 Prise geriebene Muskatnuss

FÜR DEN SPITZKOHL

2 rote Zwiebeln
1 kleiner Spitzkohl
20 g vegane Butter (alternativ Olivenöl)
1 Lorbeerblatt
4 Wacholderbeeren
50 ml Gemüsebrühe
1 Schuss Weißweinessig
frische Petersilie

Zubereitung

ALL-TIME-YUMMY

Zunächst die ganzen Kartoffeln für ca. 20 Minuten (je nach Größe) in Salzwasser gar kochen. Abgießen und kurz ausdampfen lassen, dann pellen und mit einem Kartoffelstamper stampfen oder durch eine Kartoffelpresse drücken. Die Masse etwas auflockern und ausdampfen lassen. Anschließend Mehl, Kartoffelmehl, 1 TL Salz und Muskatnuss mit den abgekühlten Kartoffeln verkneten. Den Teig in vier Stücke schneiden und diese auf einer leicht bemehlten Arbeitsfläche zu ca. 5 cm dicken Rollen formen. In ca. 2 cm breite Scheiben schneiden und diese mit den Handflächen zu Schupfnudeln rollen.

Einen großen Topf mit Salzwasser zum Kochen bringen. Die Temperatur reduzieren, damit das Wasser nur noch siedet. Die Schupfnudeln vorsichtig hineingeben und gar ziehen lassen, bis sie oben schwimmen. Mit einer Schaumkelle herausnehmen, abtropfen lassen.

Für den Spitzkohl die Zwiebeln schälen und in Ringe schneiden, den Kohl in feine Streifen schneiden. Die Hälfte der Butter in einer großen Pfanne erhitzen, die Zwiebeln darin anbraten. Den Spitzkohl zugeben und kurz mitbraten. Lorbeer und Wacholder zugeben, dann mit der Gemüsebrühe und dem Essig ablöschen. Etwa 5 Minuten schmoren, den Spitzkohl aus der Pfanne nehmen und beiseitestellen.

Die Petersilie waschen, trocken tupfen und grob hacken. Die restliche Butter in der Pfanne erhitzen, die Schupfnudeln darin portionsweise kross anbraten. Alle Schupfnudeln zusammen mit dem Spitzkohl in die Pfanne geben, nochmals gut durchschwenken, mit Salz und Pfeffer abschmecken und mit Petersilie garnieren.

LE CREUSET

04 SÜSSES FÜR DIE SEELE

APFELMUS-WAFFELN

Dieses super einfache Rezept für Apfelmus-Zimt-Waffeln ist vegan und zuckerfrei! Ein perfektes Frühstück für kalte Wintertage.

Zutaten

FÜR 4 WAFFELN

200 g Mehl
2 TL Backpulver
1 Prise Salz
1 TL Zimt
1–2 EL Kokosblütenzucker (optional)
1 Msp. Vanillemark
160 g Apfelmus
100 ml kohlensäurehaltiges Mineralwasser
200 ml Mandeldrink
2 EL Kokosöl + etwas mehr zum Ausbacken

FÜR DAS TOPPING

1 Apfel
6 EL Kokos-Joghurtalternative
6 EL Apfelmus
1 TL Zimt
1 EL Ahornsirup

Zubereitung

SCHNELL & EASY

Zuerst Mehl, Backpulver, Salz, Zimt und – wenn man es etwas süßer mag – etwas Kokosblütenzucker in einer Schüssel verrühren. Dann die restlichen Zutaten für die Waffeln dazugeben und alles zu einem Teig verrühren.

Das Waffeleisen aufheizen und mit etwas flüssigem Kokosöl bepinseln. Ein Viertel des Teigs in die Mitte des Waffeleisens geben und leicht verteilen. Den Deckel des Waffeleisens schließen und frühestens nach 1 Minute (je nach Waffeleisen erst nach 2–3 Minuten) wieder heben und die goldbraune Waffel mit einer Gabel herausheben. Mit dem Rest des Teigs den Vorgang wiederholen.

Den Apfel waschen und in Scheiben schneiden. Die Waffeln mit Kokosjoghurt, Apfelmus und Apfelstücken dekorieren und mit Zimt und Ahornsirup garnieren.

PFLAUMEN-KUCHEN

MIT KARAMELLISIERTEN HASELNÜSSEN

Es duftet nach Zimt und Pflaumen. Ein einfaches veganes Rezept für den leckeren Streuselkuchen-Klassiker. Verfeinert mit gemahlenen Haselnüssen, Orangenschale, Vanille und Zimt schmeckt er schon ein bisschen nach Weihnachten. Die knusprigen Zimtstreusel passen perfekt zu den süßsäuerlichen Pflaumen.

Zutaten

FÜR 1 SPRINGFORM
(18–20 cm Ø)

FÜR DEN KUCHEN

3 Pflaumen
1 Bio-Orange
Margarine für die Form
200 g Dinkelmehl
50 g gemahlene Haselnusskerne
20 g Speisestärke
2 TL Backpulver
1 Prise Salz
1 TL Zimt
80 ml Rapsöl
100 g Rohrohrzucker
150 ml Haferdrink
1 Msp. Vanillemark

FÜR DIE STREUSEL

50 g Dinkelmehl
25 g Rohrohrzucker
1 Prise Salz
1 Prise Zimt
40 g kalte vegane Margarine

FÜR DIE HASELNÜSSE

100 g Haselnusskerne
100 g Rohrohrzucker
1 Prise Zimt

Zubereitung

SLOWFOOD

Den Backofen auf 200 °C (Ober-/Unterhitze) vorheizen. Die Pflaumen waschen, entkernen und in Scheiben schneiden. Die Orange heiß waschen und ½ TL Schale fein abreiben. Die Backform mit Margarine einfetten.

Für den Rührteig Mehl, gemahlene Haselnüsse, Speisestärke, Backpulver, Salz, Zimt und Orangenschale vermischen. In einer zweiten Schüssel Öl, Zucker, Pflanzendrink und Vanille mit einem Schneebesen schaumig rühren. Langsam in die trockenen Zutaten gießen und nur kurz zu einem glatten Teig verrühren. Den Teig in die Backform gießen, gleichmäßig verteilen und mit den Pflaumenscheiben bedecken. Diese leicht in den Teig drücken.

Alle Zutaten für die Streusel zügig verkneten und über den Kuchen bröseln. Im heißen Ofen ca. 45 Minuten backen, bis der Kuchen durch ist. Stäbchenprobe machen: Es darf beim Einstechen in den Kuchen mit einem Holzspieß kein flüssiger Teig mehr am Holz kleben bleiben. Vor dem Herausnehmen den Kuchen weitere 20 Minuten im ausgeschalteten Ofen bei leicht geöffneter Ofentür stehen lassen.

Währenddessen die Haselnüsse grob hacken. Zucker in einer beschichteten Pfanne bei mittlerer Hitze karamellisieren. Haselnüsse und Zimt zugeben und zügig mit dem flüssigen Karamell vermengen. Auf ein Backpapier ausbreiten und auskühlen lassen. Den Kuchen mit den karamellisierten Nüssen bestreut servieren.

GRANOLA-BOWL

MIT MANDARINEN UND FEIGEN

Lust auf ein richtig leckeres, knuspriges und gesundes Herbstfrühstück? Dann haben wir hier ein wunderbares Pfannen-Granola für euch, das man schnell und einfach zubereiten kann. Mit Joghurt, frischen Feigen und Mandarinen ist es der absolute Seelenschmeichler am Wochenende. Zimt verleiht der Bowl nicht nur eine herrlich aromatische Note, sondern füllt die ganze Wohnung mit einem verlockenden Duft.

Zutaten

FÜR 4 PORTIONEN

FÜR DAS GRANOLA

30 g Cashewkerne
50 g Walnusskerne
100 g Haferflocken
15 g Kürbiskerne
15 g Sonnenblumenkerne
1–2 TL Zimt
1 Prise Salz
1 ½ EL Ahornsirup
2 EL Kokosöl

AUSSERDEM

600 g Hafer-Joghurtalternative
1–2 Mandarinen
3 Feigen

Zubereitung

SCHNELL & EASY

Die Cashewkerne und Walnüsse klein hacken. Alle Zutaten bis auf das Öl miteinander vermischen.

Das Öl in einer Pfanne erhitzen und die Zutaten darin bei mittlerer Hitze ca. 10 Minuten goldbraun rösten. Dabei immer wieder umrühren, damit nichts anbrennt. Vom Herd nehmen und auskühlen lassen.

Die Mandarinen schälen und in Scheiben schneiden. Die Feigen waschen und vierteln.

Den Joghurt auf Schalen verteilen, das Obst und das Granola auf dem Joghurt anrichten.

BIRNEN-ZIMT-SCHNECKEN

MIT CASHEWSOSSE

Zimtschnecken sind unglaublich lecker und selbst gemacht auch ein wenig gesünder als gekauft. Statt normalem Weizenmehl verwenden wir Dinkelmehl und ersetzen den weißen Zucker durch Kokosblütenzucker.

Zutaten

FÜR 12 ZIMTSCHNECKEN

80 ml Haferdrink
½ Würfel Hefe
40 g Kokosblütenzucker (alternativ brauner Rohrzucker)
250 g Dinkelmehl (Type 630)
40 g Margarine
1 TL Zimt
1 Prise Salz

FÜR DIE FÜLLUNG

1–2 Birnen (ca. 200 g)
1 TL + 1 EL Margarine
½ TL + 1 EL Zimt
2 TL Kokosblütenzucker (alternativ brauner Rohrzucker)

FÜR DIE CASHEWGLASUR

50 g Cashewmus (alternativ weißes Mandelmus)
70 g Ahornsirup
1 Prise Salz

Zubereitung

SLOWFOOD

Zuerst 2 EL Hafermilch lauwarm erwärmen und die Hefe und 1 EL Zucker darin auflösen. Das Mehl in eine Schüssel geben, eine Mulde in die Mitte drücken und die aufgelöste Hefe hineingeben. Ein paar Minuten gehen lassen, bis sich Bläschen bilden. Währenddessen die Margarine schmelzen und dann mit der restlichen Milch, dem restlichen Zucker, Zimt und Salz zum Teig geben. Den Teig für 1–2 Minuten mit einem Handrührgerät oder den Händen kneten. Zu einer Kugel formen und an einem warmen Ort 30 Minuten gehen lassen.

In der Zwischenzeit die Füllung zubereiten: Die Birnen waschen, entkernen und in kleine Würfel schneiden. In einer kleinen Pfanne 1 TL Margarine erhitzen und die Birnenstücke darin anbraten. Mit ½ TL Zimt bestreuen. Zur Seite stellen.

Den Backofen auf 180 °C (Ober-/Unterhitze) vorheizen. Die restliche Margarine schmelzen. Den Zucker mit 1 EL Zimt vermengen. Den Teig zu einem Rechteck ausrollen und die Margarine darauf verteilen, mit Zimtzucker bestreuen und die Birnen gleichmäßig darauf verteilen. Aufrollen und mit einem scharfen Messer in zwölf gleich große Teile schneiden. Auf ein mit Backpapier ausgelegtes Backblech setzen und für ca. 15 Minuten im heißen Ofen backen.

In der Zwischenzeit die Zutaten für die Cashewglasur mit einem Schneebesen vermengen. Die Zimtschnecken aus dem Ofen nehmen, ein wenig abkühlen lassen und mit der Glasur servieren.

WINTER BALLS

MIT ZIMT, DATTELN UND MANDELN

Diese kleinen Energiekugeln sind eine gesunde Abwechslung zu Plätzchen und Lebkuchen. Gesüßt werden sie nur mit Datteln. Sie passen mit Zimt und gerösteten Mandeln perfekt in die Adventszeit und sind auch ein schönes Geschenk.

Zutaten

FÜR CA. 18 BALLS

100 g geröstete Mandeln

150 g getrocknete Datteln (ohne Stein)

25 g Kakaopulver

Zimt (optional)

Zubereitung

SCHNELL & EASY

Mandeln und Datteln in einen Mixer geben und zu einer krümeligen Masse mixen.

Das Kakaopulver hinzugeben, erneut mixen und nach Belieben mit etwas Zimt verfeinern.

Aus der Masse mit den Händen kleine Kugeln formen und fest zusammendrücken. Wer möchte, kann sie noch in Kakao, Zimt oder gehackten Nüssen wälzen.

TIPP

Die Winter Balls sollten abgedeckt im Kühlschrank gelagert werden und halten sich hier für ein paar Tage.

BROMBEER-KNÖDEL

MIT VANILLESOSSE UND MOHN-ZIMT-ZUCKER

Flaumiger Kartoffelteig, leicht säuerliche Beeren, duftender Mohnzucker und dazu cremige Vanillesoße – diese kleinen Knödel machen einfach glücklich! Wichtig für das Gelingen ist, dass das Wasser aufkocht, aber nur noch siedet, sobald die Knödel hineingeglitten sind. Dann behalten sie ihre knuffige Form am besten.

Zutaten

FÜR 8 KNÖDEL

FÜR DIE VANILLESOSSE

1 Vanilleschote
300 ml Pflanzendrink
30 g Speisestärke
30 g Zucker
1 Pck. Bourbonvanillezucker
1 Msp. gemahlene Kurkuma
1 Prise Salz
200 ml Hafercreme Cuisine (15 % Fett)

FÜR DIE KNÖDEL

550 g mehligkochende Kartoffeln
Salz
100 g Mehl
40 g Weichweizengrieß
20 g vegane Butter
1 TL Johannisbrotkernmehl (alternative Guarkernmehl)
Abrieb von 1 Bio-Zitrone
150 g Brombeeren (frisch oder TK, leicht angetaut)
50 g Waldbeer- oder Himbeermarmelade
25 g Puderzucker
25 g gemahlener Mohn
½ TL Zimt

Zubereitung

ALL-TIME-YUMMY

Für die Vanillesoße die Vanilleschote auskratzen. Eine Hälfte des Vanillemarks für die Knödel beiseitestellen, die andere Hälfte mit 3 EL Pflanzendrink, Stärke, Zucker, Vanillezucker, Kurkuma und Salz verrühren. Die restliche Pflanzenmilch mit der Hafercreme und der ausgekratzten Vanilleschote bei niedriger Temperatur erhitzen. Wenn die Milch kocht, die Speisestärkemischung unter Rühren zugeben und alles 1 Minute köcheln lassen. Abgedeckt erkalten lassen. Vor dem Servieren die Vanilleschote entfernen.

Für die Knödel die Kartoffeln waschen, schälen, in Stücke (ca. 2 cm) schneiden und in Salzwasser 15–20 Minuten weich kochen. Währenddessen Mehl, Grieß, Butter, Johannisbrotkernmehl, Zitronenabrieb, das restliche Vanillemark und 1 Prise Salz in eine Schüssel geben und zwischen den Fingern verreiben. Die Brombeeren behutsam mit der Marmelade mischen. Puderzucker, Mohn und Zimt verrühren.

Die Kartoffeln abgießen und 1 Minute ausdampfen lassen. Durch eine Presse zur Mehlmischung drücken und alles zu einem Teig verkneten. Zu acht Kugeln formen. Jede Kugel in der Hand flach drücken, jeweils ein Achtel der Brombeeren in die Mitte geben und die Ränder um die Füllung zu einer Kugel zusammendrücken. Die Knödel in siedendem Salzwasser bei niedriger Temperatur 10–15 Minuten gar ziehen lassen. Sie sind fertig, wenn sie an die Oberfläche kommen. Mit einem Schaumlöffel herausheben.

Die Knödel auf Teller setzen, mit etwas Vanillesoße beträufeln und mit Mohn-Zimt-Zucker bestreut servieren.

KLEINES PANFORTE

MIT GERÖSTETEN HASELNÜSSEN

Dicht an dicht tummeln sich hier Nüsse und Mandeln und werden umhüllt von dunklem Schokoteig, der durch Ingwer, Zimt und Chili herrlich würzig wird. Der kleine Kuchen lässt sich wunderbar verschenken – oder in feinen Scheiben zum Adventstee vernaschen.

Zutaten

FÜR 1 KLEINEN KUCHEN

90 g Haselnusskerne
50 g Mandeln
70 g Buchweizenmehl
1 EL Kakaopulver
1 TL Zimt
¼ TL gemahlener Ingwer
1 Prise gemahlene Nelken
1 Prise Chilipulver
1 Prise geriebene Muskatnuss
1 EL Kokosöl
60 g Kokosblütenzucker (alternativ Vollrohrzucker)
90 g Ahornsirup (alternativ Kokosblütensirup)
1 EL Bio-Orangenabrieb
100 g getrocknete Feigen
1 EL Goji-Beeren

AUSSERDEM

1 Springform (20 cm Ø)
Puderzucker zum Bestäuben

Zubereitung

ALL-TIME-YUMMY

Den Backofen auf 180 °C (Ober-/Unterhitze) vorheizen. Eine Springform mit Backpapier auslegen.

Die Haselnüsse und die Mandeln etwas separiert voneinander auf ein Backblech legen und im heißen Ofen ca. 5 Minuten rösten. Herausnehmen und die Backofentemperatur auf 150 °C reduzieren. Die Haselnüsse in ein Tuch wickeln und die Haut abrubbeln. 20 g Nüsse für die Deko beiseitelegen. Nüsse und Mandeln abkühlen lassen.

In einer Schüssel das Mehl mit dem Kakao und den Gewürzen mischen. Das Kokosöl mit dem Zucker und dem Ahornsirup in einem Topf verrühren und erwärmen. Den Orangenabrieb zugeben. Die Masse zur Mehlmischung gießen und alles gründlich vermengen. Die Feigen und die Goji-Beeren grob hacken und zusammen mit den Haselnüssen und den Mandeln unterrühren. Den Teig in die vorbereitete Springform füllen und ca. 40 Minuten im Ofen backen.

Das Panforte aus dem Ofen nehmen und mit Puderzucker bestäuben. Vollständig auskühlen lassen und zum Servieren die gerösteten Nüsse auf den Kuchen legen. In schmale Scheiben schneiden.

TIPP

Das vollständig abgekühlte Panforte kann man luftdicht verpackt einige Wochen aufbewahren.

KAISER-SCHMARRN

MIT ZWETSCHGENRÖSTER

Fluffig-leckerer Kaiserschmarrn bringt das Hütten-Feeling nach Hause. Dazu gibt's einen Zwetschgenröster mit winterlichen Aromen.

Zutaten

FÜR 3–4 PORTIONEN

FÜR DEN ZWETSCHGENRÖSTER

500 g Zwetschgen
ca. 1 cm Ingwer
100 ml Traubensaft
1–2 EL Ahornsirup
1 Zimtstange
2 Nelken

FÜR DEN KAISERSCHMARRN

260 g Mehl (Type 550)
4 TL Backpulver
1 Prise Salz
360 ml Haferdrink
60 ml Pflanzenöl
2 EL Ahornsirup
Mark von ½ Vanilleschote
neutrales Pflanzenfett
Puderzucker

Zubereitung

ALL-TIME-YUMMY

Die Zwetschgen waschen, halbieren und entsteinen. Den Ingwer schälen und in Scheiben schneiden. Zwetschgen, Ingwer, Traubensaft, Ahornsirup und Gewürze in einen Topf geben, kurz aufkochen und etwa 30 Minuten bei milder Hitze einkochen lassen.

Für den Kaiserschmarrn das Mehl mit Backpulver und Salz in einer Schüssel vermischen. Hafermilch, Öl, Ahornsirup und Vanillemark dazugeben und mit einem Schneebesen verrühren, bis ein homogener, dickflüssiger Teig entsteht.

Eine beschichtete Pfanne mit etwas Pflanzenfett erhitzen, etwa die Hälfte des Teigs hineingeben, einen Deckel auf die Pfanne setzen und bei mittlerer bis hoher Hitze mehrere Minuten ausbacken – der Pfannkuchen sollte fast durchgebacken sein und die Unterseite sollte gut Farbe bekommen haben. Dann mit einem Pfannenwender in vier Teile teilen und wenden. Auf der anderen Seite ebenfalls einige Minuten durchbacken, bis alles Farbe bekommen hat. Dann mit zwei Gabeln in Stücke zerteilen. Aus der Pfanne nehmen und warm halten. Das Ganze mit dem verbliebenen Teig wiederholen.

Die Gewürze aus dem Zwetschgenröster entfernen. Den fertigen Kaiserschmarrn mit Puderzucker bestäuben und warm mit dem Zwetschgenröster servieren.

VANILLE-GRIESSBREI

MIT GEWÜRZBIRNEN, GRANATAPFEL & ZIMTMANDELN

Grießbrei schmeckt immer ein bisschen nach Kindheit. Hier bekommt ihr eine gesündere Variante mit Hafermilch, Dinkelgrieß und Ahornsirup. Egal ob zum Frühstück, als süßes Mittagessen oder zum Dessert: Grießbrei geht einfach immer.

Zutaten

FÜR 2 PORTIONEN

FÜR DIE GEWÜRZBIRNEN

1 Birne (ca. 150 g)
1 Zimtstange
1 Sternanis

FÜR DIE ZIMTMANDELN

60 g Mandeln
40 g Rohrohrzucker
¼ TL Zimt

FÜR DEN GRIESSBREI

½ Vanilleschote
500 ml Haferdrink
Salz
60 g Dinkelgrieß
1–2 EL Ahornsirup

AUSSERDEM

2 EL Granatapfelkerne
Zimt

Zubereitung

ALL-TIME-YUMMY

Die Birne waschen, vierteln, entkernen und in Scheiben schneiden. Die Birnenstücke in einen Topf geben und so viel Wasser hinzugießen, dass sie bedeckt sind. Die Gewürze hinzugeben und aufkochen lassen. Die Hitze reduzieren und ca. 10–15 Minuten köcheln, bis die Birnen weich sind.

Für die Zimtmandeln ein Backblech mit Backpapier auslegen. In einer beschichteten Pfanne Zucker, Zimt und 40 ml Wasser gut verrühren und zum Kochen bringen. Nun die Mandeln dazugeben und unter ständigem Rühren mit einem Holzkochlöffel in der Zuckerlösung wenden. So lange köcheln lassen, bis die Flüssigkeit verdampft ist. Wenn alle Mandeln vom Zucker umhüllt sind, die Pfanne vom Herd ziehen. Die Mandeln auf dem Backpapier auskühlen lassen.

Inzwischen das Mark aus der Vanilleschote kratzen und den Haferdrink mit dem Vanillemark und 1 Prise Salz in einem Topf erhitzen. Den Dinkelgrieß mit einem Schneebesen einrühren und aufkochen. Die Hitze reduzieren und bei kleiner Hitze unter Rühren etwa 5 Minuten köcheln, bis der Brei eindickt. Ahornsirup unter den Grießbrei rühren und auf zwei Schälchen verteilen. Die Birnen aus dem Gewürzsud nehmen und auf dem Brei anrichten. Mit Zimtmandeln, Granatapfelkernen und etwas Zimt bestreut servieren.

BANANEN-BROT

MIT WALNÜSSEN UND DATTELKARAMELL

Ein saftiges Bananenbrot, das man schon zum Frühstück essen kann. Perfekt, um seine überreifen Bananen aus der Obstschale nachhaltig zu verwerten. Als cremiges Topping gibt es ein Dattelkaramell.

Zutaten

FÜR 1 KASTENFORM
(30 cm)

4 sehr reife Bananen
80 g neutrales Pflanzenöl
70 g Kokosblütenzucker
1 Pck. Vanillezucker
250 g Dinkelmehl (Type 630)
10 g Backpulver
Salz
Zimt
100 g Walnusskerne

FÜR DAS DATTELKARAMELL

100 g Medjool -Datteln
1 Prise Salz
25–50 ml Haferdrink

Zubereitung

ALL-TIME-YUMMY

Den Ofen auf 170 °C Umluft (185 °C Ober-/Unterhitze) vorheizen.

Die Bananen, Öl, Zucker und Vanillezucker in eine Schüssel geben und mit einem Kartoffelstampfer oder einer Gabel zerdrücken. Mehl, Backpulver, 1 Prise Salz und etwas Zimt hinzugeben und den Teig nur kurz mit einem Teigschaber umrühren. Die Walnüsse hacken und ein paar für die Deko beiseitelegen, den Rest unter den Teig heben. Die Kastenform einfetten und den Teig in die Form geben. Das Bananenbrot für ca. 50 Minuten im heißen Ofen backen. Nach 30–40 Minuten mit Alufolie abdecken, damit es nicht zu dunkel wird.

Während das Bananenbrot im Ofen ist, die Datteln mit kochendem Wasser bedecken und 30–40 Minuten einweichen lassen. Wenn sie richtig weich sind, das Wasser abgießen. Die Datteln zusammen mit 1 Prise Salz in einen Mixer geben und cremig mixen. Dabei langsam nach und nach die Hafermilch dazugeben, bis die Masse eine geschmeidige, cremige Konsistenz hat.

Wenn das Bananenbrot ausgekühlt ist, das Dattelkaramell obendrauf verteilen und mit den beiseitegelegten Walnüssen verzieren.

TIPP

Wer mag, kann die Walnüsse auch einfach durch gehackte dunkle Schokolade ersetzen.

APFEL-KÜCHLE

Apfelküchle sind super einfach gemacht und daher auch perfekt für einen Herbstabend, wenn man den ganzen Tag draußen mit Äpfelpflücken verbracht hat!

Zutaten

FÜR 4 PORTIONEN

2 große, säuerliche Äpfel (z. B. Boskop)
200 g + 5 EL Weizenmehl
¼ TL Backpulver
1 Prise Salz
220 ml Pflanzendrink
4 EL Ahornsirup
¼ TL Vanillemark
5–6 EL Pflanzenöl zum Frittieren
Puderzucker

Zubereitung

SCHNELL & EASY

Die Äpfel waschen, schälen und das Kerngehäuse mit einem Ausstecher entfernen. Die Äpfel in ca. 1 cm dicke Scheiben schneiden.

200 g Mehl mit Backpulver und Salz in eine Schüssel geben. Pflanzliche Milch, Ahornsirup und Vanillemark mischen, zum Mehl geben und mit einem Schneebesen zu einem dickflüssigen Teig vermischen.

Etwas Öl in einer Pfanne erhitzen. 5 EL Mehl auf einen Teller geben, die Apfelscheiben im Mehl wenden, durch den Teig ziehen, leicht abtropfen lassen und im heißen Fett portionsweise von beiden Seiten goldbraun ausbacken.

Die Apfelküchle zum Abtropfen auf ein Küchenpapier legen, anschließend mit Puderzucker bestreuen und genießen.

TIPP

Die Äpfel sollten nicht zu klein sein. Am besten passt eine fein-säuerlichen Sorte wie Boskop.

PAVLOVA-KRANZ

MIT KUMQUATS

Dieser prächtige Kranz ist auf dem festlichen Tisch ein toller Hingucker! Es lohnt sich, zuerst mit einer kleinen Menge einen Testlauf zu machen, denn nicht alle Kichererbsensorten sorgen für gleich festen Halt. Gut bewährt hat sich bei uns die Flüssigkeit der Dosen-Kichererbsen aus dem türkischen Supermarkt, z. B. von Suntat.

Zutaten

FÜR 4 PORTIONEN

1 Dose Kichererbsen (240 g Abtropfgewicht)

Salz

1 Msp. gemahlene Flohsamenschalen

1 Msp. Weinstein-Backpulver

100 g feinster Zucker

2 TL Speisestärke

½ TL Weißweinessig

½ TL Zimt

1 ½ Bio-Orangen

70 ml Pflanzendrink

2 EL Ahornsirup

1 Msp. gemahlener Kardamom

2 EL vegane Butter

1 Handvoll Kumquats

200 ml vegane Schlagsahne

2 EL Granatapfelkerne

2 EL gehackte Pistazienkerne (ungesalzen)

1 Handvoll Physalis

Zubereitung

SLOW FOOD

Die Kichererbsen abgießen und die Flüssigkeit (Aquafaba) in einem Topf auffangen. Auf 100 ml einkochen, abkühlen lassen und im Kühlschrank durchkühlen.

Den Backofen auf 130 °C (Ober-/Unterhitze) vorheizen. Aquafaba in eine fettfreie Rührschüssel gießen und mit 1 Prise Salz 4 Minuten steif schlagen. Die Flohsamenschalen und das Backpulver zugeben und weitere 4 Minuten schlagen, bis die Masse sehr fest ist. Den Zucker esslöffelweise unterschlagen, bis sich die Zuckerkristalle aufgelöst haben. 1 TL Speisestärke und den Essig untermischen. Zum Schluss den Zimt unterheben.

Ein Blech mit Backpapier belegen und zwölf dicke Aquafaba-Tupfen kranzförmig daraufsetzen. In den Ofen stellen, 5 Minuten backen. Anschließend die Temperatur auf 100 °C reduzieren und den Baiserkranz 90 Minuten trocknen lassen. Den Ofen ausschalten und den Kranz darin mindestens 2 Stunden auskühlen lassen.

Eine Orange heiß abwaschen, abtrocknen und die Schale fein abreiben. Die Orangen auspressen und 100 ml Saft abmessen. 1 EL Saft in ein kleines Glas geben und mit 1 TL Speisestärke vermischen. Den restlichen Saft mit Pflanzendrink, Ahornsirup und Kardamom aufkochen. Erst die Butter, dann die Speisestärkemischung zugeben und 2 Minuten köcheln. Abkühlen lassen.

Vor dem Servieren die Kumquats in Scheibchen schneiden. Die Sahne steif schlagen und auf den Kranz streichen. Mit etwas Orangencreme beträufeln. Kumquats, Granatapfelkerne, Pistazienkerne und Physalis darauf verteilen. Die restliche Orangencreme dazu reichen.

REGISTER

I

J

K

L

M

N

O

P

Q

R

DANK

Agnes

Danke, liebe Anna, dass wir dieses Buch gemeinsam geschrieben haben! Und danke, dass du ihm so ein wunderschönes Gesicht gegeben hast, das Lust macht auf bunten Herbst, klirrend kalte Winterspaziergänge und wärmende Köstlichkeiten im gemütlichen Zuhause.

Danke, liebes EMF-Team, dass ihr ein weiteres Buch in der „Cosy"-Reihe mit uns realisiert habt, es ist herrlich geworden!

Danke an meinen wunderbaren Mann und unsere tollen Kinder – euer Strahlen, wenn es etwas Leckeres zum Futtern gibt, ist die größte Freude!

Und tausend Dank an alle lieben Leser*innen, die unsere „Cosy"-Bücher kaufen und so fleißig daraus kochen! Mein Herz hüpft, wenn die Rezepte euch satt und glücklich machen!

Annamaria

Vielen Dank an Agnes für deine Inspiration, dass ich mit dir zusammen die vegane Variante von Cosy Kitchen schreiben und fotografieren durfte. Als Veganerin liegt mir das Thema selbst sehr am Herzen.

Danke an das EMF-Team für euer Vertrauen, vor allem an die liebe Johanna für die schöne Zusammenarbeit.

Lieben Dank auch an meinen Freund Basti, der mich beim Testessen, Pilzesammeln und den Moods unterstützt hat.

NOCH MEHR

BÜCHER

Cosy Kitchen - Deftig vegetarisch
978-3-7459-1903-5
28,00 EUR (DE) / 28,80 EUR (AT)

Soulfood – Vegan, gesund und glücklich

978-3-7459-1937-0
42,00 EUR (DE) / 43,20 EUR (AT)

Vom Land – Omas vegetarische Küche

978-3-7459-1789-5
28,00 EUR (DE) / 28,80 EUR (AT)

ÜBER …

DIE AUTORIN

Die Autorin Agnes Prus hat Kunstgeschichte studiert und anschließend ihr Glück in der Küche gefunden. Seitdem sie nicht mehr für Cafébesucher*innen backt und kocht, experimentiert sie am eigenen Herd. Saisonale, unverfälschte Zutaten, viele Gewürze und frische Kräuter sind die Hauptakteure in ihren Rezepten. Agnes Prus hat zahlreiche Koch- und Backbücher geschrieben und entwickelt darüber hinaus Rezepte für Websites und Printmagazine. Ergänzend zum Schreiben von Koch- und Backbüchern arbeitet Agnes Prus seit 2020 als Foodstylistin für Video- und Fotoproduktionen. Zwischen den drei Fixpunkten Rezeptentwicklung, Foodstyling und dem Schreiben über Essen fühlt sie sich sehr wohl – nicht zuletzt, weil es so immer etwas Leckeres zum Naschen gibt. Agnes Prus lebt und arbeitet in Köln. Hauptsächlich in der Küche. Weitere Infos über die Autorin gibt es unter ***www.agnesprus.de***

DIE AUTORIN UND FOTOGRAFIN

Annamaria Zinnau hat ihre Leidenschaft für die Foodfotografie in Hamburg entdeckt, wo sie als Foodfotografin und -stylistin für zahlreiche Foodmagazine und Werbekunden arbeitete. Als gelernte Fotografin und leidenschaftliche Köchin startete sie 2013 ihren Foodblog Himbeerrot (@himbeerrotfoodart) – inspiriert von der Natur, selbst geerntetem Obst und Gemüse aus dem Garten oder vom lokalen Marktstand. Aktuell lebt und arbeitet sie in der Nähe von Hannover. ***www.annamariazinnau.de***

IMPRESSUM

Bibliografische Information der Deutschen Bibliothek.

Die Deutsche Bibliothek verzeichnet diese Publikation in der Deutschen Nationalbibliografie.

Detaillierte bibliografische Daten sind im Internet über http://www.dnb.de/ abrufbar.

EIN BUCH DER EDITION MICHAEL FISCHER
1. AUFLAGE 2024

COVERGESTALTUNG UND SATZ: Anna Fiedler
LAYOUT: Sonja Bauernfeind
REDAKTION UND LEKTORAT: Johanna Ederer
REZEPTE UND TEXTE: Annamaria Zinnau: S. 8–11, 16–19, 24–35, 42–45, 48–53, 56–65, 68–77, 82–87, 94–95, 100–101, 104–105, 108–111, 114–119, 122–139, 144–151; Agnes Prus: S. 6, 20–23, 36–39, 46–47, 54–55, 66–67, 78–81, 88–93, 96–97, 102–103, 106–107, 112–113, 120–121, 140–143, 152–153; Agnes Prus & Maria Panzer: S. 12–13.
FOODSTYLING UND FOTOS: Annamaria Zinnau; außer S. 159 (Autorinnenfoto Agnes Prus): Jennifer Braun
ILLUSTRATIONEN: Cover: ©Zhemchuzhina/Shutterstock

ISBN 978-3-7459-2121-2

Gedruckt bei C&C Offset Printing Co., LTD., 14/F, C&C Building, 36 Ting Lai Road, Tai Po, N. T. Hong Kong, China

www.emf-verlag.de